生きがいを測る
生きがい感てなに？

近藤 勉 著

あなたの生きがい感はどの位？　何点とれるだろう？

ナカニシヤ出版

まえがき

　平成7年1月17日早朝，大地震が阪神地区を襲った。阪神大震災である。しかし，この日，自宅の被害をそのままに私は余震の続くなか大学へと車を走らせた。なぜならこの日が修士論文の締切日だったからである。そしてこの日が私の研究生活のスタートとなった。修士論文のテーマは高齢者の生きがい感であった。しかし，大学院を修了したものの，日を追うごとに欠点が目立ち始め，このままでは納得できない思いに駆られた。やり直す必要がある。しかし，納得できる研究にするには大変な労力と時間がかかる。間に合うだろうか。当時，すでに私は58歳であった，かつての同級生は，定年を間近かに控えた者ばかりである。そろそろ第一線を引退する時期から始めて，なにほどのことができるだろう。しかし，やってみよう。そのために苦労して大学院へ入ったのだ。やれるだけやって後は天命に任せよう。

　そうして取組んだ生きがい感の研究ではあったが，幸い今日まで12年の時間が与えられた。まだ研究は足りないと思う。しかし，不十分ではあるが，一度区切りをつけたいと思いまとめたのが本著である。

　本著の内容は掲載された論文を中心に構成されている。したがってその意味では研究者向けの本ともいえる。しかし，序論は研究者以外の方にも読んでいただきたいと思っている。私がどうしてここまで生きがい感の研究にこだわってきたのかがおわかりいただけると思う。

　青年向けと高齢者向けスケール作成の方法については，もっともわかりやすい方法を用いてきたつもりである。ただ方法については異論もあるであろう。御批判いただければそれを今後の研究に生かせていきたいと考えている。終章の生きがい感の事例は，私がさまざまな人との出会いから実際に見聞きしてきたものを取上げた。1つの読みものとして御

まえがき

　覧いただければ幸いである。つたない研究ではあるが，本著の研究がここまでこれたのは，多くの方々の御協力や御指導の賜である。
　とくに関西福祉科学大学の鎌田次郎先生には，共同研究者としてもひたすら指導を仰いできた。筑波大学の佐藤有耕先生には，論文が赤ペンで真赤になるほど直していただいた。今は亡き辻岡美延先生には投稿前に目を通していただいた。大阪教育大学の守屋国光先生には初めて拙論を受けつけていただいた。近畿福祉大学の大羽蓁学長，母校の山下栄一先生，野村幸正先生には格別の励ましと御指導をいただいた。
　上記の先生方の御指導とお力添えなくして私は研究を成すことはできなかったであろう。それを考えると感謝の気持は言葉で言い表わせるものではない。改めて心からの感謝を捧げたい。
　最後に出版を引受けて下さったナカニシヤ出版の中西健夫社長，宍倉編集長，米谷龍幸様に心から御礼を申し述べます。

平成 19 年 7 月
近藤　勉

目　次

PART-I　ちょっと専門的な話

第Ⅰ章　序　論 ……………………………………………… 3
第1節　はじめに ………………………………………… 3
第2節　問題はなにか——生きがい感の論議をしよう …… 6
1. 生きがいと生きがい感との違い ……………………… 6
2. 生きがい感と幸福感・満足感との関係はどうか …… 6
3. いままでなされてきた生きがい感定義とは？それに対する論議 …… 9
4. 外国に生きがい感という言葉はあるのか？ ………… 20
5. わが国の研究の場における生きがい感と生きがい感スケールとは？ …… 25
6. 主観は定義になるのか？ ……………………………… 32
7. 操作的生きがい感定義のとらえ方とは？ …………… 33

第3節　本著の目的と方法は ……………………………… 34

第Ⅱ章　大学生の生きがい感スケールを作る，そして定義とは？ ………… 37
第1節　問題提起と目的は ………………………………… 37
第2節　第1次予備調査をおこなう ……………………… 39
1. 方法は ……………………………………………………… 39
2. 結果と考察をみてみよう ………………………………… 39

第3節　第2次予備調査をおこなう ……………………… 42
1. 目的は ……………………………………………………… 42
2. 方法は ……………………………………………………… 42

目　次

　　3. 結果と考察をみてみよう ―――――――――――――――― 42
第4節　本調査をおこなう ―――――――――――――――― 43
　　1. 目的は ――――――――――――――――――――――― 43
　　2. 方法は ――――――――――――――――――――――― 43
　　3. 結果と考察をみてみよう ―――――――――――――――― 43
　　4. 基準関連妥当性の検討をおこなう ―――――――――――― 49
　　5. 再検査法による信頼性の検討をおこなう ―――――――――― 50
　　6. α係数による信頼性の検討をおこなう ―――――――――― 51
第5節　結論はどうなった ―――――――――――――――― 52
第6節　第Ⅱ章の要約 ―――――――――――――――――― 53

第Ⅲ章　高齢者向け生きがい感スケール（K－Ⅰ式）を作る，そして定義とは？ ―― 55
第1節　問題提起と目的は ―――――――――――――――― 55
第2節　方法は ――――――――――――――――――――― 57
　　1. 概念調査をやってみる ――――――――――――――――― 57
　　2. 項目の作成と選定をする ――――――――――――――― 59
　　3. 本調査をおこなう ―――――――――――――――――― 59
第3節　結果と考察をみてみよう ――――――――――――― 60
　　1. 項目分析をおこなう ――――――――――――――――― 60
　　2. スケールの信頼性の検討をおこなう ――――――――――― 64
　　3. スケールの妥当性の検討をおこなう ――――――――――― 64
　　4. 高齢者の生きがい感の操作的定義とは ――――――――――― 68
　　5. 実践への示唆 ――――――――――――――――――――― 68
第4節　第Ⅲ章の要約 ―――――――――――――――――― 69

第Ⅳ章　高齢者向け生きがい感スケール（K－Ⅱ式）を作る，そして定義とは？ ―― 71
第1節　問題提起と目的は ―――――――――――――――― 71

目　次

第 2 節　方法は ……………………………………………………… *72*
  1．項目の収集と選定をする ……………………………………… *72*
  2．本調査をおこなう ……………………………………………… *73*
第 3 節　結果と考察をみてみよう ………………………………… *73*
  1．項目分析をおこなう …………………………………………… *73*
  2．スケール信頼性の検討をおこなう …………………………… *77*
  3．スケール妥当性の検討をおこなう …………………………… *77*
  4．高齢者の生きがい感とは ……………………………………… *80*
第 4 節　第Ⅳ章の要約 ……………………………………………… *81*
  備考 1 ）因子名について …………………………………………… *81*
  備考 2 ）K-Ⅰ式とK-Ⅱ式の操作的定義の違いについて ……… *82*

第Ⅴ章　高齢者の生きがい感測定におけるセルフ・アンカリングスケールの有効性をたしかめよう ……… *83*
第 1 節　はじめに …………………………………………………… *83*
第 2 節　目的は ……………………………………………………… *86*
第 3 節　方法は ……………………………………………………… *87*
第 4 節　結果と考察をみてみよう ………………………………… *88*
  1．再検査法による結果は ………………………………………… *88*
  2．福祉センター高齢者と老人大学受講生との比較による結果は … *88*
第 5 節　第Ⅴ章の要約 ……………………………………………… *90*

第Ⅵ章　高齢者の生きがい感に影響する性別と年代からみた要因とは？─都市の老人福祉センター高齢者を対象として─ ……… *91*
第 1 節　問題提起と目的は ………………………………………… *91*
第 2 節　方法は ……………………………………………………… *93*
第 3 節　結果をみてみよう ………………………………………… *94*
  1．回答結果の基本統計量とその性による違いは ……………… *94*

目　次

  2．生きがい感得点と年齢との相関をみる ―――――― *94*
  3．生きがい感に影響をおよぼす要因の重回帰分析をおこなう ―― *99*
 第4節　考察をする ――――――――――――――――― *102*
 第5節　まとめてみよう ―――――――――――――― *105*
 第6節　第Ⅵ章の要約 ――――――――――――――― *106*

第Ⅶ章　まとめと展望 ―――――――――――― *109*
 第1節　まとめ ――――――――――――――――― *109*
  1．本著のまとめ ――――――――――――――― *109*
  2．生きがい感の動向は ―――――――――――― *110*
 第2節　展望 ―――――――――――――――――― *112*
  1．Positive Psychology ――――――――――――― *112*
  2．P.Pと生きがい感とは ―――――――――――― *113*

PART-Ⅱ　生きがい感のこんなエピソード！

第Ⅷ章　生きがい感の事例 ―――――――――― *117*
 1．生きがい感の高い若者の事例 ―――――――――― *117*
   特別養護老人ホームで働く女性
 2．生きがい感の低い若者の事例 ―――――――――― *124*
   同じ家の中で母親にメールする引きこもりの青年
 3．生きがい感の高い高齢者の事例 ――――――――― *127*
   サラリーマンから画家に転身した男の苦闘物語
 4．生きがい感の低い高齢者の事例 ――――――――― *136*
   戦争で生き残ったけれど死んでいた方が……。

文　献　*143*
索　引　*161*

（付録）
あなたの生きがい感はどの位？　何点とれるだろう？ *153*

PART - I

ちょっと専門的な話

～生きがい感てなに？
生きがい感スケールを作ることから
生きがい感を高める要因はなにかまで～

第Ⅰ章 序　　論

第1節　はじめに

　2005年9月18日総務省統計局は「敬老の日」に合わせ，全国の65歳以上の高齢者の推計人口を記者クラブ，さらにインターネット上（総務省統計局，2005）で発表した。それによると，高齢者は前年比0.5％，71万人増の2556万人であり，総人口1億2765万人のうち20.0％を占めることであった。これは人数，比率とも過去最高であり，国民の5人に1人が65歳以上になったことがわかる。さらに2006年には前年比83万人増の2640万人となり，総人口に占める割合は20.7％となり，いずれも過去最高を更新した。また，欧米諸国との比較では，イタリアが19.5％，ドイツ18.6％，フランス16.2％，アメリカ12.4％となっており，国際的にも世界一の高齢社会であることがわかる。また国立社会保障の人口問題研究所の推計（国立社会保障，2002）によると高齢者の割合は10年後の2015年には26％に上昇し，国民の4人に1人が高齢者になる見込みである。もちろん，平均寿命がいぜんとして世界一の長寿国であることはいうまでもない。

　しかし，これほどの長寿国でありながら，高齢者の自殺数が自殺人口の中で25％の割合（厚生労働省大臣官房統計情報部，2005）を維持しており，世界の中では自殺の人口比に占める割合が，ハンガリーについで第2位であることは何を物語るのか，まさに豊かな国の心の貧しさをあらわすものであり，1つの社会問題であるともいわれるゆえんである。

　昔からわが国の高齢者の精神生活を語る場合につねに取上げられてきたのは生きがいという言葉である。もちろん，この言葉は高齢者に限られたことではなく，自我（自分とはどういう人間なのか—という認識）の確立する青年期より生ずると考えられるが，とくに老年期に多用されるのは1989年より，高齢者の生きがいと健康づくり推進事業（ゴール

ドプラン～ゴールドプラン21）が厚生労働省指導の下に各都道府県で展開されている（社会福祉の動向編集委員会，2004）ことからもうかがえる。

　これに対して欧米人は，人生の望ましい気持をあらわす場合は，つねに happy や well-being であり，一般的に幸福，幸せと訳される言葉を使ってきている。しかし，わが国の場合，伝統的に幸福という言葉を使い慣れていないところがある（吉森，1992）。とくに高齢者にとってこの幸せという言葉には，ある種のテライと気恥ずかしさを感じさせるところがあり，今ひとつ馴染みにくさがあることも事実である。それに比べると生きがいという言葉は変にベタつかず，しかも生きる意欲を感じさせるスマートな語感の響きがあり，わが国の高齢者にはぴったりくるようである。

　この生きがいという言葉は，古くは万葉集や竹取物語に"かい"という言葉で使われていたと井上（1997）によって述べられており，ずいぶん古くから使われていたことがわかる。近年をふり返ってみると，わが国では，昭和30年代後半から，とくに論じられるようになったいきさつがある。それまで，つまり太平洋戦争中および戦後の物不足の時代はひたすら生き残ること，生き延びることが最大関心事であり，生きがいどころではなかったといえる。そしてようやく高度経済成長時代を迎えて生き延びることに自信を得た30年代後半にいたって生きがいに関心が向いたのであろう。山形（1973）は，パンを得るのに心配いらなくなった時，人はパンのみにて生くるにあらずと思いいたったのであろうと述べている。さらにそれから30年が経ち，今度は人生80年を迎える時代となり，物の豊かさだけでは解決のつかない問題として生きがいを真剣に取上げねばならない時代となったのである。

　このようにして生きがいが問題になるということは，そもそもそれだけ生きがいある老後を日本の高齢者が送れていないことでもあり，そのことは最初に述べた高齢者の自殺者が多いことでも示されている。さらに若年層ではフリーターをも含めた，働かない，教育や訓練も受けよう

第1節　はじめに

としないニートの増大が社会問題化しつつあり，若者の生きがいが問われている。

NHK放送文化研究所，荒牧（2004）の現代日本人の意識調査によると，物質的満足感はこの30年間上昇してきているが，生きがいや人間関係など精神的満足感は物質的満足感ほどにはいたっておらず，生きがいは減少傾向がみられると報告している。

「生きがいについて」の著者，神谷（1980，単行本としては1966初版）は，人間が生き生きと生きていくために，生きがいほど必要なものはない。生きがいを失った人は人生からあぶれた失業者でもあると述べている。

さらに曽根他（2007）は，宮城県において40～79才の約55,000人を対象に健康調査と生きがい調査を実施し，約43,000人の健康な男女のうち7年後死亡した約3,000人の死因を追跡調査している。その結果，生きがいがないと答えた人はあると答えた人に比べて，主に循環器疾患リスクの上昇により，死亡リスクは全体では1.5倍も高かったと報告している。

それではこれほどまでにいわれる生きがいとは何なのか，きわめて常識的には，国語辞典を見ればよいということになる。そして，国語大辞典（1981）によれば，生きているだけの値打ち，生きている意義，生きるめあてとある。広辞苑（1955）では，生きるはりあい，生きていてよかったと思えるようなこと。日本語大辞典（1989）では，生きるはりあい，よろこび，めあてとなっている。しかし，1つの語句というものは時代の移り変わりとともに変化するものであることを忘れてはならない。たしかに基本となるものは辞書であろう。しかし，その語を使っていく上で，その語句はさまざまに分化し，その解釈，受止め方は年齢によっても，はなはだしきは性別によっても異なってくるかも知れない。そのため，われわれはこの生きがいをいう言葉を現代という時点から見つめ直す必要がある。ただし，われわれは国語学者ではない。あくまで心理，社会学的な立場に立つ，その立場から生きがいはどのように定義

づければよいのであろうか，そのことについて以下に論議を進めていくことにする。

第2節　問題はなにか——生きがい感の論議をしよう

1. 生きがいと生きがい感との違い

　生きがいを持つとか，生きがいを感じていますとか，一般的に使われているこの言葉には2つの意味があるようである。1つは「あなたの生きがいは何ですか」という場合のように生きがいの対象を指す場合と，「あなたはどういう時に生きがいを感じますか」という表現にみられるように，生きがいを感じている心の状態を意味する場合とがある。しかし，また「あなたは生きがいを持っていますか」という文言のように，生きがいの対象を持っているかどうかをたずねる意味と，生きがい感を持っていますかという意味もあり，この両者はよく混同され，あいまいな使われ方があることも事実である。しかし，ほとんどの場合，生きがいの対象が生きがい感に影響を与えているという関係にあることがわかる。したがってその定義を論じようとする以上，その研究対象は当然ながら生きがい感の方になってくる。

2. 生きがい感と幸福感・満足感との関係はどうか

　生きがい感と幸福感・満足感とは近接概念であるせいか，よく混同されるようである。とくにわが国の研究の場では後述するように幸福感が生きがい感として使われていた時期があった。そのため一応の整理を試みたい。まず辞書によれば，幸福とは国語大辞典（1981）によれば，恵まれた状態にあって不平のないこと，満足できて楽しいさま。広辞苑（1955）では，心が満ち足りていること，日本語大辞典（1989）では不安や心配が無く，満ち足りた状態だと感じることとある。次に満足とは国語大辞典（1981）によれば，希望が満ち足りて不平のないこと，十分であると感じること，広辞苑（1955）によれば，十分なこと，完全なこ

と，望みが満ち足りて不平のないこと，日本語大辞典（1989）では満ち足りて不平のないこととある。これを読む限り，幸福と満足とは字義の上では，ほとんど同一の解釈がなされていることがわかる。

一方，研究の場ではどうであろうか。吉森（1992）は，ハッピネスは人であれば誰しも希求する人間の主観的なよい状態である。部分的には，幸せ・幸福・喜（悦）び・充実・自己実現・平安・満足・楽しみ・快・安寧・意気軒昂などと体験され，表現される比較的永続的な望ましい心理状態ないしはその総合的で主観的な評価であると定義している。

植田他（1992）は，「ハッピネス」を自己の存在や成長，有能などについての満足感，肯定的認知や感情からなる総体であるとし，満足感を幸福感とほぼ同義的立場においている。またDiener（1984）はwell-beingは人生に対する満足，肯定的感情，否定的感情のないことで構成されると述べている。和田（1990）は幸福感の度合はNeugartenら（1961）の生活満足度尺度で測れると述べており，幸福感と満足感をイコールで結んでいる。

磯部（1965）は幸福感は相対的であると述べており，たとえば，重病の病人にとって床の上に起き上ることは夢であり，それが可能になれば，幸福感がもてるだろう。しかし軽症の病人にとっては，そのようなことは幸せではなく，退院，社会復帰が幸せ感につながると述べる。

多田（1989）は「あなたは同年配の人に比べて幸せだと思うか」をたずね，「幸せ」から「幸せでない」まで5段階評価でもって回答を求めている。これは幸福感の相対的な面をとらえている。

生きがい感との関連を見ると，前田（1980）は生きがい感は幸せであると感じている心の状態であると述べており，生きがい感と幸福感をイコールで結んでいる。小川（1982）も社会的環境に完全適応できた場合が生きがい感であり，幸福感であるとしており，生きがい感と幸福感を同列に論じている。石井（1997）は逆に，生きがいは将来への指向性が強いが，主観的幸福感は現在の感情の状態や満足といった心理状態であるとして別個に論じている。三喜田（1978）は高齢者の余暇と生きがい

第 I 章 序　論

について調査をおこなっているが，その考察の中で，生きがいを広義にとらえると，生活満足度になり，狭義にとらえると生きるハリであるが満足ではない。現状に不満な人も将来に希望をもって生きるハリを感じることもあり，逆に現状に満足しながら生きるハリを失うこともあると述べ，生きがい感と満足感は別であると主張する。神谷（1980）は生きがい感は幸福感の一種で，その一番大きなものととらえている。そして違いについては，生きがい感は未来に向う心の姿勢があること，たとえば，現在の生活が不幸せでも将来に明るい希望や目標があれば，生きがいを感じられると説明する。

　また生きがい感は自我の中心に迫っているのに対して幸福感は末梢的な部分で感じる。たとえば苦労して幸福感をもてなくとも，自分でなければできないと感ずれば，生きがいを覚えるとあり，この考えは幸福感と満足感の違いはあるが，三喜田と同様の立場に立つ。しかし，神谷が冒頭に，生きがい感よりも幸福感を上位に位置づけた理由などは説明されておらず不明である。

　以上，生きがい感と幸福感，満足感について概観してきたが，上記のことからいえることは，幸福感と満足感はきわめて似た概念であることがわかる。そしてこの満足感とほぼ同義の幸福感は，とくに積極的な意欲を持たなくとも，過去の人生を肯定し，現状を受容しておれば，主観的には満足であり，幸せであるということになるであろう。それは受動的，消極的なニュアンスをもち，相対的で主に過去から現在にかけての心の状態を問う概念となり得よう。ここで相対的とは自分より貧しい人や病人をみて，あの人に比べれば自分は幸せであるという，下をみての幸せ感や上をみての不幸せ感をもつことである。それに対して生きがい感は他人と比較して生きがいを感じたり，失ったりする面はない。また生きがい感は過去にこだわらず，将来を含めた自分の生き方や生活に対する積極的，主体的な意識であり，それは主に現在から未来へ向けての心の姿勢ではなかろうか。

　ただ，上記の考察は，文献をもとに筆者による解釈，考察であり，幸

福感や満足感が生きがい感の中に含まれるのか，否か，そういった相互の関係については客観的な手法による個々の考察が改めて必要になってこよう。

3. いままでなされてきた生きがい感定義とは？それに対する論議

つぎに生きがい感そのものについてなされた定義について以下に列挙することとしたが，定義の内容からいくつかに分類をおこなった。

1) 生きがい感の対象には社会的価値が含まれている。またそのように推定できる定義

雀部（1986）は，生きがいとは，生活の張りや手応えを感じさせる精神状態を指しており，社会的に貢献しているという感情が生きがいの本質であると述べている。

和田（2001, 2006）は，人生にかかわって生じる「生きるよろこび」ないしは，「生存充実感」といった心の状態であると述べているが，さらに以下のようにも述べている。たしかに生きがい感は個人の意識であるが，ある人の生きがいとは，その人の生きることが，なんらかの社会的（共同体的）価値を有するという意味であり，この価値とは，その人自身にとっての主観的価値ではなく，まわりの人々や社会（共同体）全体にとっての価値であると述べている。

高橋（2001）もまた，生きがいは社会的価値を有することが，本来的な意味であると和田同様に述べている。

園田（2000）は，当人の所属する社会が有する価値を通して，人が生きていくことへの意味づけのことであると述べている。

柴田（1998）は，生きがいとは，じゅうらいのQOL（生活の質，生命の質）になにか他人のためになる，あるいは社会のために役立っているという意識や達成感が加わったものである。

安立（2003）は，生きがいとは，個人レベルでの自己実現をおこなうことが，社会実現（社会貢献や社会保障）につながっている状態である。

第 I 章 序　論

やりがいに満ちた人生を生きると同時に社会の間に生き生きとした交感がある場合に生じる。

　直井 (2004) は，生きがい感とは「心のはり」，「充実感」，「幸福感」，「満足感」をもっている状態である。価値意識はとうぜんあるが，パチンコの玉がジャラジャラ出るあの音がたまらないという一瞬の快感やひまつぶしの楽しみであってはならない。

　斎藤 (1995a, b) は，生きがいを一言で集約すると「生きる喜び」となるが，1991 年に発足したシニアプラン開発機構の生きがい研究会の調査結果では，生きる喜びや満足感，社会に役立っていると感じるもの，生活に活力や張り合いをもたらすもの，自らを向上させるもの，安らぎや気晴しになるもの，生きる目標や目的になるものの 6 つとなり，生きがい感には多様性があると主張している。

　小林 (1989) は，生きがいは生存充実感であって生命を前進させるもの，つまり喜び，勇気，希望などによって自分の生活内容が豊かに充実してくる，という感じであるとしており，それは自分が生きている価値や意味があるという目標意識，自分が必要とされているという感じ，それは責任感でもあり，使命感でもあるという。そして目標は価値を創造するものであるべきであり，マージャンやパチンコであってはならない。たとえば朝寝坊が生きがいだという人がいたとしても，生きがいとはそういうものであるはずがなく，もっと人生の価値につながるものだという暗黙の了解があると述べている。

　返田 (1981) は，生きがいとは，より人間らしく生きることのかいであり，生きることについての真のよろこび，充実感，張り合いである。そして真のよろこびとは自己の生と価値を肯定する感情であり，自己の潜在的な能力を活用し，人間としての価値や意味を実現していく時に体験されるものであるとしている。

　白石 (1993) は，生きがいとは生きている価値意識，張り合いであると述べ，生きるための価値ある目標設定と目標への挑戦，価値の創造，たしかな手応えだ (1986) と述べており，そして単なる感覚の満足は生

きがいとは呼ばない。遊んで暮らすのが生きがいだという生き方は，自己実現にはほど遠く，生きがいとはいえない（1993）と述べている。

　上田（1990）は，生きがいとは，生きる値打ちのある，生きるに値する生き方であると述べており，生きがいの成立する条件として以下の点をあげている。

　①生きる目標があり，この目標に向かって全力を傾倒するとき。

　②社会において不可欠の存在であり，一定の役割を果たしつつあるとの自覚のあるとき。

　③自己の存在が自己の価値観と一致し，それに支えられている場合。

　④アイデンティティが確立され自己の行動や態度が自己の主体的意思や願望と一致した形で表現できる場合。

　さらに，上田は，MaslowのいわゆるB価値（人間存在に付与せられる価値）が実現されつつあるとの認識をもつとき，また至高経験を持つとき，真の生きがいを感ずるときであるとしている。そしてマズローのいう欠乏欲求が充たされることに生きがいを見出しているような場合には普遍的な価値実現によっているといった自己の存在意義についての認識はもつことができないから，そのような生きがい感のもち方は間違いであるとも述べている。

　野田（1983）は，生きがいとは一定の主観的意義を認める特定の対象に積極的に働きかけることを通じて，生きる意味もしくは価値を発見することと規定しているが，主観的意義を認める対象の欲求として生理的（生存維持）欲求や生活安定欲求にもとづくものは除外されると述べている。

　梶田（1990）は，生きがいとは一定の形で生きていく中での手ごたえや張りが感じられるか，充実感や充足感がもてるかどうかである。ただし，その時々に張りがあり，充実感がある生き方であっても，基本的には無意味であり，無価値であるとして退けなくてはならない場合もあると述べている。

　鈴木（1983）は，生きがいの社会学的構造という考察の中で，生きが

第Ⅰ章 序　論

い感とは目標指向の緊張感である。ただし，目標がよしとして評価されるような価値の当体であるべきであり，そうでなければ自分の存在の無意味さに気づくことになると述べている。

墾江（1981）は，生きがいは自己の好み（価値観）に合わせて価値を選択し，それを自己の生涯において実現（自己実現）することにより生まれるとし，さらに自己の生が価値あるものとして認められているという実感をいだくときに生ずるものである（1985）としている。

藤田（1999）は，生きがいとは，ある文化で人が生きていくうちに，意義をみいだし，心の支えとして価値づけた概念であるとした。

藤原（1972）は，生きがいは生きていてよかったと感じる満足感や充実感であり，明確な目標を追求する過程において主体的にもち得るものであると述べる。

神谷（1980）は40年前，生きがい論議を盛んにするきっかけとなった「生きがいについて」の中で以下のように述べている。生きがいとは真のよろこびをもたらすもの，生の内容が豊かに充実してくる生存充実感である。そしてそれは未来に向う心の姿勢があり，価値の認識が含まれることが多く，もっとも典型的には使命感，責任感，役割感に生きる人であると述べている。ただ，ここで神谷のいう価値は社会的価値を想定していたと考えられる。

熊野（2005）は，神谷の意見にしたがい，神谷のいう生存充実感，成長と変化，未来性，反響，自由，自己実現，意味への欲求のいずれか，またいくつかを満たす精神状態といっている。

金子（2004）は生きがいとは生きる喜びであるとしている。ただ，神谷がいった「生の内容が豊かに充実している感じ」，「はっきりと未来に向う心の姿勢」が不可欠であると述べている。

小川（1982）は，生きがい感とは，爽快な気分で楽しさを感じる，全てが美しく軽やかで，生きている悦びに充たされる状態をいうと述べる。

宮城（1971）は，生のよろこびであり，社会的環境への適応に成功す

るときの喜びであるとする。構造的には，快，喜び，幸福感を包括する概念であるとした。ただし，生きがい欲求は食欲や性欲のような動物的，本能的な欲求とは異なり，よく生きていこうという人間的欲求であると述べている。

庭野（1969）は，生きがいとは生命の充実感であり，それは自分の心身の中で生命が躍動するようなよろこびを感ずることであると述べている。

2）社会的価値には触れていない定義

佐藤（1987）は，人間らしく美しく生きることであり，そのときに生きがいある生き方がみいだせると述べている。

加藤（1973）は，生きがいとは周囲に甘えることなく自らの力で自らのことをやろうとするときに生れてくるものだと説く。

福田（1971）は，生きがいとは，生きる標（しるし）であり，証（あかし）であり，また生の充実感である。

曽根他（2007）は，生きがいは生きているよろこびや幸福感を意味すると述べている。

長嶋（2002）は，生きがいとは，生きるはりあい，幸せを感じるものであり，生きる価値や経験を実現できるもの。

矢倉（1983）は多くの事例調査を通して，生きがいは非常に主観的な問題であると述べ社会的価値には言及していない。このことは生きがいを生きる価値や意味と捉えた坂本（2003）も同様である。

3）社会的価値とは無関係とした定義

井上（1988）は，生きがいは，人に生きる価値や意味をあたえるものと述べているが，非社会的生きがいもあると主張している（1980）。

石井（1993）は生きがいは生きる喜びとしたが，金銭を生きがい対象にとりあげている。

渡部（2004）は麻薬を生きがい対象に認めている。

清岡（1972）は生理的快感を生きがい感に入れている。

本明（1972）は歪んだ生きがい感もあることを認めている。

4) 自己実現,またはそれを含めた定義

長谷川他(2001)は,生きがいの対象を心に思い浮かべ,同時に伴ってわいてくる自己実現と意欲,生活充実感,生きる意欲,存在感,主動感といった種々の感情を統合した自己の心の働きであるとしている。

村井(1979)は,生きがいとは,少なくとも価値観をふくみ,自己実現を目指すものでなければならない。それは幸福感とは違い,はりあい感に近いものであろうと述べている。

荒井(1988)は,生きがいは単なる「よろこび」や満足ではない。人生全体に意味を与えるもの,「創造的な自己実現」であると述べている。

広田(1995)は,生きがいは生きる意味と目標をもち,人間的成長と自己実現をはかるものであると述べているが,基本的にFranklの考えを生きがいと捉えている。

本明(1972)は,自己を実現する過程の中で感じられるものという。

佐藤(1999)は,生きがい対象の中に自己実現的生きがいがあることを認めている。

なお,上記に述べた自己実現とは,Goldstein(1940)のいう自己実現でなく,Maslowの自己実現のことを指していると考えられる。

Maslow(1962)は人間の欲求を欠乏欲求と成長欲求とに分けたが,その成長欲求としての自己実現と至高経験は生きがい感に相当するものだと説明したのは上記以外では,先述の返田(1981)であり,上田(1990)である。神谷(1980)もこの自己の内部にひそむ可能性を発揮して自己を伸ばしたいという自己実現欲求を生きがい欲求の1つにあげている。

熊野(2005),小林(1989),白石(1993),安立(2003),塹江(1981),園田(2000)らも生きがいは自己実現を目指すときに感じるものだという。

5) 人生の意味と目的であるとした定義

Frankl(1969)は人間は自己の生命を意味あらしめようとする意志をもつ存在であるとみており,可能な限り高い価値を実現していく責任を

第2節 問題はなにか——生きがい感の論議をしよう

負うていると説くが、返田（1981）や小林（1989）、白石（1986,1993）、広田（1995）は、このFranklの意味への意志や、価値実現はまさに生きがいであると述べており、神谷も生きがい感はFranklの意味感に近いと述べている。また佐藤（1993）もFranklの人生の意味と目的は生きがいであると述べ、Franklが臨床で用いていたテストの改良版PIL（Purpose in life）スケールをわが国に紹介している。

　上記のように生きがいについて主なる先達者の意見主張を述べてきたが、この中で述べられている生きがいについての解釈は各人それぞれのニュアンスは違っても2)、3)で述べた定義以外は、生きがいとはかくあるべしという考えである。いいかえるならば理想論ともいえよう。
　とくに随所で使われている価値という言葉は社会的価値を指していると推測できるのである。たとえば返田（1981）は、生きがい感は何かに没頭し、夢中になっている時に感じられやすいが、スピード狂やロックなどの音楽、シンナーやマリファナなどに没頭している状態は生きがいではないと述べている。直井（2004）は、生きがいの価値意識はパチンコのチンジャラの快感であってはならないとするが、これも同様であろう。また、小川（1982）も、快だけを生きがいとして行動すると、目前の快としての、アルコールや麻薬を求める場合も生まれる訳で、そういう刹那主義的なものは、社会的承認を得ることができないと述べている。
　上田（1990）は、生きがいの成立する条件として社会において不可欠の存在であるという認識が必要と述べているが、これは社会的価値を指しているであろう。
　梶田（1990）も充実感が生きがいであるとしながらも無価値なものによる場合は違うと述べているがこれも同様である。鈴木（1983）のいう目標がよしとして評価されるとは、当然社会的評価のことである。また、小林（1989）は朝寝坊を生きがいとは認めず、人生の価値につながるものだというが、この価値とは他人からも評価されるようなものであり、

第Ⅰ章 序　論

暗黙の了解とは社会的価値に合致していることの了解である。また和田（2001），高橋（2001）など，社会学の立場からも明確に社会的価値を述べている。神谷（1980）は，生きがい感は幸福感と違って価値の認識が含まれ，その価値基準は自分にぴったりするものを選びとるものであり，それによって生きがい感が生まれるものであると述べているが，しかし，時には他人を憎むこと，怨むこと，復讐することに生きがいを見出す人，破壊そのものに生きがいを見出す人がいる。そうした心の姿は，一体どう考えたらよいのだろうかとも述べている。

このことは，神谷は生きがい感の価値認識は自由ではあるが，やはり社会的価値に合致したものを念頭に置いていたと考えられる。それが証拠に，この反社会的な反道徳的な生きがい感は一体どのように論理的に整理すればよいのかわからず，その気持ちが一体どう考えたらよいのだろうか，という嘆息になってあらわれたと思える。そしてこうした生きがい感については，本当は本人は暖かい心の交流を求めているのだが，その欲求が不当に充たされないため，憎悪で反応する一変形なのだ，建設的な生きがいへの欲求が阻まれた裏返しの形なのだと無理にこじつけている。神谷は結局，人間とは常に反道徳的でないものに生きがいの価値を求める存在なのだという枠から一歩も出ることができずにいる。

また Maslow（1962）は，自己実現や至高経験について，いわゆるＢ価値（完成された人間存在が求める価値）は善や正義として経験せられるものであり，これは正当性，正義，公正であると述べており，いうまでもなく社会的価値基準に適合しているものであることがわかる。そうであれば，たとえば幕末期の坂本竜馬や高杉晋作など，その社会の中での反社会的集団に入り，その中で崇高な目的意識を持ち，潜在的な能力を最大限に発揮し，努力する者は，それなりに自己実現を遂げていくようにみえるが，その社会（江戸時代）での正義や公正には適合しないため自己実現とはいえないことになる。このことは，返田や神谷なども当然のこととして考えていたようである。

しかし，Maslow（1971）はここで，Ｂ認識や至高経験は時空を越える

もの，永遠で普遍的なものと認められるものと主張し，これは本人の認識であると述べている。けれども，認識であるとするならば，出産や性に感動する至高経験はいうにおよばず，それ以外の至高経験，たとえば前述の坂本竜馬の倒幕活動体験も彼にとっては至高経験として認識せられることになり，これも自己実現と認めざるを得なくなる。このようにMaslowの主張には矛盾点が窺えるようである。

Frankl (1951, 1967, 1969) は，人間とは，意味を求める存在であり，価値を実現することであるとするが，彼のいう実現すべき価値とは創造価値であり，体験価値，態度価値である。しかし，これらの内容はいずれも社会的承認を得るようなものばかりである。ところが，彼は「死と愛」(1952) の著作の中では，実存分析はある価値尺度や価値秩序にしたがってするようにとは決して強制するわけではないと述べ主観的価値であるといっている。ところがまた一方，飲酒狂やスピード狂は実存的空虚から直面することを逃避しているとして主観的価値を否定している。また，意味への意志も，たとえば強制収容所で友人が，私は死ぬまでの間，苦悩を忍べば忍ぶほど母は苦しみのない死を迎えることができると考えて自らの生命に意味を与え生き延びた例をあげているが，このように多くはこじつけやすり替えであり，彼の主張は非論理的で矛盾が多いが，一応社会道徳的規範に反しない価値実現であるとしておく。

以上で生きがい感について各氏の意見を述べてきたが，ここで筆者の考えを述べてみたい。

生きがい感は主観である

上記のほとんどの各氏の考えは基本的なところで大きな間違いを犯していると思える。それは生きがい感は主観であるという事実，つまり感というものは主観的立場であることを大前提としなければならないことを忘れている点である。主観とは平たくいえば，自分で感じることであり，自意識ともいえようが前述の著者たちの主張は，このきわめて当然のことをどこかへ置き忘れ，生きがいとはかくあるべしと考え，その上から論議が出発していることである。生きがいとは本人自身が生存充実

第Ⅰ章　序　論

感を持てばよいのであって，そうである限り，そのよってきたるもの，その生きがい対象が社会的に評価されないもの，社会的価値に適合しないものであってもよいはずである。たとえばアル中患者が酒が生きがいだという場合，また競馬やパチンコにうつつを抜かす老人もこれが心の張りであり，私にとっての価値なのだと主張されればこれも立派な生きがいとなる。生きがい感をもっているといえる。そして社会的価値をあえてあてはめるならば，生きがい感であることを認めた上であなたの生きがいの対象は間違っていますよ，もっと良いことに生きがい対象を見つけるべきだという論議が場所を変えておこなわれるべきなのである。

　それをシンナーに没頭している状態は生きがい感でないとか，朝寝坊は生きがいに入れないというのは，生きがいとはかくあって欲しいとか，そうであるべきだという理想論と生きがい感という個々の心理とを，概念上の解釈において混同してしまっている。

　たしかに筆者も，アル中患者の酒が生きがいだという主張を健全だと思っている訳ではない。もっと有意義なことに生きがい対象をみつけるべきだと当然考えている。生きがい対象が社会的価値に合致してい

ことが望ましい姿であることはたしかである。しかしこのアル中患者の生きがい感も認めてやるのが学問の立場である。なぜならそれが主観であるからである。理想論を各人の主観に押しつけてはならない。生きがい感は社会的価値認識が含まれてい

る，そうでなければ生きがい感に入れない，というのは他人の精神生活への冒涜である。

また定義の上で主観という言葉を使用してはいても，先述の野田（1983）のように主観の範囲に制限を加えてしまっては主観とはいえない。

社会的価値とは無関係

よく生きがい感はより良き生の延長につながるものだといわれるが，改めていうならば，より良きという社会的価値基準に照らされた言葉を前提とすべきでない。生きがいの目的はあくまで主観的な生の延長とのみ考えられるべきである。つまり本人にとって精神的に生きる意欲を高めるものであるならばよいということである。たとえばアル中患者の酒や，麻薬患者の麻薬に対する生きがいはたとえそれが客観的に生の延長につながらないものであってもよいのである。なぜならば何度もいうように生きがい感は主観であるからである。

そして生きがい感について，この筆者のような見方をする人に，井上（1980），本明（1972），渡部（2004），石井（1993），清岡（1972）らがいる。

井上は，自分を捨て去った娘への憎悪の念を燃やすことを生きる支えとして生きている一老人の例を引き，憎しみや執念などネガティブな非社会的，反社会的な生きがいによって生を保とうとする老人もいると説く。そして生きがいは社会的価値基準や善悪の判断を越えていると述べている。ただ井上がこのように考えた理由として主観にまで踏込んだ訳ではないが，神谷（1980）のように愛情欲求の一変形なのだとこじつけることなく，非社会的な生きがいも存在することをあるがままに認める立場をとっている。ついで本明（1972）は，偉大なことを創造した人でなくても，生きがいは各人が自分で感じるものだ，それは歪みもあり合理的なものでない場合もある，主観性は当然といわねばらならないと述べている。

渡部（2004）はアメリカで一学生が，ハシーシ（麻薬）を吸うことが

第I章　序　論

生きがいだというのを聞いているが，若い世代にこういう生きがいがあることを認めている。

　石井（1993）は生きる喜びの対象を，人への奉仕から金銭や名誉に関するものまで無限にあるという。

　清岡（1972）は，生きがいには食欲や性欲が満たされる感覚的な快感から，職業，財産などによる安定感，世の中に尽くす幸せ感まで入れている。とくにこの生理的欲求の充足，いわゆるMaslowの欠乏欲求を生きがいの中に入れているのが特徴である。

　これらの考え方からいえば，4）で述べたMaslowの自己実現や，5）のFranklの人生の意味と目的も，生きがいという立場からは社会的価値を前提とすべきでないといえよう。

　また特異な生きがい論を展開すると見られる人に文化人類学者の梅棹（1981）がいる。彼の論は，生きがいとは精神的充実感であるが，その生きがい対象を仕事に求められると困ったことになる。それによって社会が進歩すると，人口増，公害の発生で人類破滅が近未来に出現する。したがってこれ以上文明を進歩させないため，無為無能で暮らそうという生きがい不要論である。しかしこれは生きがいを否定しているのでなく，生きがい対象の社会的価値が変化すべきであると警世的に述べているに過ぎない。よく青壮年期の生きがい感調査に仕事と答える例がみられるが，その仕事イコール社会的価値と単純に結びつけることに疑問の一石を投じたものであろう。

　以上でわが国における主要な生きがい感定義を紹介し，また生きがい論議を進めてきたが，それでは次に目を転じ，外国では生きがいをどう考えているのか，そもそも外国には生きがいという言葉はあるのか，そのことについてみてみよう。

4. 外国に生きがい感という言葉はあるのか？

　生きがい，または生きがい感というのは，もとより日本語である。そしてこの言葉のもつ全体的な意味を表現する外国語はないということは

第2節　問題はなにか──生きがい感の論議をしよう

神谷（1980）を初めとして見田（1970），小川（1982），佐藤（1993），塹江（1985），長谷川他（2001），長谷川他（2007），星（2000），東（1999），小林（1989）らが述べている。さらに英語に限定した上で，生きがいに相当する言葉はないと伊藤（2005），佐藤（1999）が述べている。ただ，近い意味の言葉としては，神谷がフランス語の raison d'être（存在理由），raison de vivre, raison d'existence（生存理由）があると述べ，和田（2006）は英語の livable と self-fulfillment を，塹江（1985）は英語の self-actualization（自己実現）をあげる。とくにこの self-actualization をあげる人はサイコロジストに多い。しかし，生きがい感を表す用語としては英米では全く使われていない（心理学辞典は別として，この self-Actualization という言葉自体も一般辞書には記載されていないことが多い）。そして神谷（1980）は，近い語はあってもこの日本語らしいあいまいさとそれゆえの余韻と生活的なふくらみを表しうる語はないという。それがため，とくに塹江（1985）などは生きがいを問うのは日本人だけだとまでいいきっている。果してそうであろうか，外国にはわれわれの使う生きがいに該当する言葉が本当にないのであろうか，それならば，外国人は生きる張り合いがなくても生きていけるのであろうか，こういった素朴な疑問がとうぜん出てくる。そこで，まず英語辞書（新和英大辞典，1974；コンサイス和英辞典，1976；トレンド日米表現辞典，1998）からみてみた。すると "a life worth living" "a worthwhile life" "something to live for" などざっと7～8通りの使い方が載っており，しかもそのいずれもが生きがい感の意味を含めていると在日20年の米人はいう。たとえば "I have a life worth living when I am involved in voluntary work. For me, children are worth living for(something to live for). Those who find life worth living will live long." などのように worth living 自体に意欲や目的感，価値意識などさまざまな意味を表しえていることがわかる。そして something to live for は生きがい用語としてポピュラーに使用する言葉であり，また生きがいのない空虚な気持を empty life または nothing to live for としても使用されていることがわかった。ただ，

第Ⅰ章　序　論

英米の場合，とくに高齢者の精神生活で大切なのはやはり happy や，well-being であり，日本ほど生きがいに重きを置かないようである。上記のことは英国に 10 年留学した経験をもつ日本人も含めて，先述の米人とも同意見であった。また Mathews（1996）は日本とアメリカの生きがいの追及という論文の中で社会学からみたアメリカ人と日本人の一般的な生きがいの違いについて論じているが，そのさいの生きがいには，life worth living を使用している。ただ同時に，厳密には生きがいに相当する語はアメリカにはないと述べている。

つぎにドイツ語辞書（和独大辞典，1952；日独口語辞典，1985）では，生きがいは sein ein und alles，生きる目的は der Lebenszweck とでている。

そこで在独 25 年の知人にたずねると，Sinn（英語の sense）を意味，意義という語義で日常生活において頻繁に使っており，たとえば仕事に生きがいを感じている，を Meine Arbeit gibt mir meinem Leben einen Sinn（私の仕事は私の人生に意義を与えてくれる）で表すとのことであった。

またフランス語（新和仏中辞典，1963；コンサイス和仏辞典，1993）の場合，辞書では英語と同様，生きがいを表す語やセンテンスは 7～8 通りあるが，神谷（1980）のあげた raison de vivre や raison d'existence は日常的にはフランスではほとんど使われていない。その理由は，それを奪われると命にかかわるほど深刻で悲壮なニュアンスが含まれているためである。それよりも生きるよろこびが日本語の生きがいに適切であり，avoir de la joie de vivre（生きるよろこびをもつ），éprouver de la joie à vivre（生きるよろこびを感じる）であらわす。また trouver un sens à la vie（人生に意味をみいだす）などもよく使われる。これらは代表的なものであるが，その他の使い方も含めて，まさに日本語の多用な意味をフランスも使用していることがわかる。そしてこのことは在仏 30 年の日本人，在日 20 年の 2 人の仏人から聞くことができた。

高橋（1999，2001），和田（2001），森（2001），Mathews（1996）た

第2節 問題はなにか——生きがい感の論議をしよう

ちは，1989〜1991年にかけて，アメリカ，フランス，デンマーク，イタリア，韓国，中国，台湾，シンガポール，日本に対し，中高年を対象として個別に生きがいおよび生きがい対象についてインタビューをおこなっている。そのさいの生きがいを表す言葉は「人生でもっとも大切なもの」，「もっとも価値のあるもの」，「生きる動機をあたえるもの」，「生きる目的」などの言葉を使用している。その理由として，日本語の生きがいにぴったり相当する外国語を見出すことはどこの国にもみつからなかったためであるとしている。しかし，ぴったりの言葉がないというのなら，ほとんどの日本語にはぴったりあてはまる外国語はない。辞書をみると，大なり小なり類似語，近似語で説明がなされている。たとえば，この日本語の生きがいという言葉にしろ，日本語辞書でも前述したように生きるはりあい，生きるよろこび，生きている値打，生きるめあて，生きている意味などとさまざまにいい換えた説明がなされている。したがって外国語の場合も，その日本語のニュアンスに近い外国語を探すことが適切であることになる。

　実は生きがいは外国語にはないと主張する研究者の多くが，そのことを最初に述べた神谷（1980）の言葉を援用している。たしかに神谷は，生きがい研究の先達ではあるが，その観念を固定することなく，融通性のある視点をもつことが必要ではないだろうか。

　このように主要国では，いずれも生きがいという言葉が存在し，わが国同様，日常的に使用されていることがわかったが，それでは諸外国はこの生きがいを研究しようとしているのであろうか。筆者の調べたかぎりでは，英語による life worth living を文中で使用した論文は過去20年間で135あり，医学，精神医学，心理治療，高齢者心理から看護にいたるまで多岐にわたっている。その中で多かったテーマは自殺に関するものであり，高齢者の自殺念慮から青年の自殺まで，Skoog 他（1996），Draper 他（1998），Shah 他（1998, 2000），Schneider 他（2001），Lunsky（2004），Hesketh 他（2005）など9編がある。またこれと関連して，うつ状態，うつ病に関するものとしては，Girling 他（1995），Anguenot

第Ⅰ章　序　論

他（2002），Harwood 他（2002）3編がある。次に多かった安楽死に関するものでは，Hubbard（1986），Clouser（1991），Sampaio（1992），Savulescu（1994）他10編がある。

　心理治療では，Fine（1991），Ventegodt 他（2004），Perseius 他（2005）の論文があり，歯科の領域では Furuya（1989）によって，老化による歯の悪化と worth living との関係が述べられている。また Nakanishi 他（1995，1997a，1997b，1998a，1998b，1999，2003，2005）は，大阪の摂津市で1400人ほどの高齢者を対象に健康管理やトイレの自立，家族関係や，食物のそしゃく能力について調査をおこない，その結果を海外で発表しているが，文中 life worth living を（Ikigai），no life worth living を（no Ikigai）とかっこに入れて説明している。

　さらに Bowling（1993）は，文中 Positive Aging は life worth living になるのではないかと示唆している。また Seligman 他（2000，2004）や Dunn 他（2005）は positive psychology という言葉をタイトルに使い，文中 life worth living を使用している。

　このように上記の論文を含め，その他の論文でも "life worth living"，"life is worth living"，"life is not worth living"，"life not worth living" が文中で使われている。

　研究者も英，米，日，独，カナダ，ノールウェー，フィンランド，スウェーデン，ブルガリア，オーストラリア，イスラエル，ギリシャ，中国と各国にわたっているが，文脈，内容からみてまさに生きるはりあい，生きる価値など日本語の生きがいを指しており，日本の生きがい感が日本だけのものでないことがわかる。

　ただ，このように研究の中で生きがいという概念は使われてはいるが，現在のところ，life worth living を単独で研究した論文はみあたらない。

　それでは次に，わが国で心理学上，生きがい感を対象とした研究はなされているのであろうか。

5. わが国の研究の場における生きがい感と生きがい感スケールとは？

　生きがい感の研究をしようとすれば，生きがい感の定義づけは不可避であるが，研究の方向としては生きがい感スケールの開発，作成といった方向へ向かう。なぜならとくにわが国の高齢者の精神生活を語る上で生きがい感は大変重要な意味をもつため，高齢者向けの福祉活動や福祉施設などの拡充の評価資料として役立てられることがあるからである。そのためスケールを作るという研究の場から見た生きがい感について述べてみる。

1）PGC モラール・スケールと生きがい感

　わが国で初めて高齢者用の生きがい感スケールを広めたのは前田他（1979）である。ただし，独自に作成したものではなく，アメリカの Lawton（1972, 1975）が作成した主観的幸福感尺度を翻訳し日本での生きがい感尺度としたものである。もともと Lawton はこの尺度を P.G.C. モラール・スケールと称している。心理学上モラールとは本来士気（志気）を指し，戦場での兵士の戦意や職場でのやる気を指す言葉である。しかるに Lawton は肝心の高齢者の人生の志気を問わず，モラールとは老化を受容し，未来に対しても楽観的で，現状に満足している状態と説明し，老化についての態度，心理的動揺と安定，孤独への不満の3つの因子からなる尺度を作ったのである。それ以前にも Kutner 他（1956）はモラール・スケールを作っているが，彼はモラールを満足感や楽観的思考，将来への展望と説明している。このように，そもそもの用語使用の不適切さはアメリカのサイコロジストより始まっている。ところがアメリカの Larson（1978）が過去30年にわたる老年心理の総合的研究からこのモラールという概念は主観的幸福感（Subjective well-being）で統括するのがよいとしたのである。この研究発表いらい，モラールは Kutner や Lawton 自身も予期していなかった主観的幸福感であるとされ，わが国でももっぱらこれが通用し現在にいたっている。しかし，この幸福感に主観的とつけるのも奇妙なものである。不安感にしろ孤独感にしろ，

第I章 序　論

　おおよそ感と名のつくもの，およびそれに類する言葉は全て主観的なものである。LarsonがLawtonのモラールの概念をも含めて主観的幸福感と称したため，それがそっくりそのまま輸入されて29年たった今日の学会においても主観的幸福感は定着した言葉として使用されているが，白い白馬と同じで，まことに滑稽な言葉遣いだといわねばならない。

　ところがこのモラール尺度をはじめてわが国へ紹介し，日本の高齢者に適用を試みた前田他（1979）は，この主観的幸福感は生きがい感であり，高齢者の生きがい感は主観的幸福感であると安易に操作的定義をしてしまったのである。また古谷野（1981）もモラールの概念は日本語の生きがいに近いものと述べ，このLawtonの17項目による改訂PGCモラール・スケールの分析の研究では表題を生きがい測定としており，生きがい測定の尺度として有効であると結論している。しかし，モラールという不適切な尺度の名称はともかくとして，その内容をみると原作者が語っているように，まさしく老化や安定，不満足感，あるいはLarsonのいう主観的幸福感を問うているのである。それがどうして生きがい感となるのであろうか，もしもこれらの感情が生きがい感に等しいとするならばその論拠を示さねばならない。

　さらに杉山他（1981a）もこの生きがいと関連しないLawtonのモラール・スケール13項目に7項目を追加し，合計20項目を日本版モラール・スケールPGM（X-Ⅲ）とした。そしてこれが生きがい測定尺度であるとしたのである。石田他（1986）もこの20項目スケールを使い，都市在宅高齢者の健康状態と生きがい感との関連をみる調査研究をおこなっている。しかしその内容をみると追加された項目に「私はお金のことで心配することはありません」，またLawtonの質問項目「私は今身体の具合はよいと思います」という項目が入っている。しかしこれはほんらい生きがいという意識が生じる背景要因としてたずねるべきものではなかろうか。そのため杉山他（1981b，1985，1986）は，この健康や経済的意識といった要因が含まれてしまった得点を改めて健康や生活費との相関を調べてみるという矛盾に陥っている。また追加された項目に

— 26 —

第2節　問題はなにか――生きがい感の論議をしよう

「私は性生活に満足しています」という項目がある。高齢者にかなり高い性欲や性関心が示されるのはわが国および諸外国で示されており，高齢者の性を偏見なしに肯定することは常識化してきたが，加齢による性欲の減退を考慮に入れていないこと，また高齢者の成婚率は世界でも最下位に位置するわが国の現状を考えるならば，性生活を夫婦間のみと考えないまでも日本の高齢者の場合，この質問項目が適切であるとは考えにくい。かりに適切であるとしても，背景要因に入れられるべき項目であろう。さらに「私は毎日の生活にとても生きがいを感じています」という項目があり，測定尺度として精度を欠く結果となっている。なぜなら生きがい感というものの程度と内容を明らかにしたいと考えて作る尺度であるのに，その最終目標を直接たずねて得た答を改めて合計して点数化し，最終目標に到達するという滑稽な結果になっているからである。これは PGC モラール・スケールでもみられる。かりに Larson のいうように主観的幸福感尺度と考えるなら，質問項目の中に「あなたは若い時と同じくらい幸せですか」がみつかり，幸福感尺度としても不適切さが認められる。

　そして，このような尺度の因子構造がさまざまな角度から研究されスケールが改良，合作，考案されてきた（古谷野，1982，1983，古谷野他，1989，横山，1987）。現在，とくに杉山他（1981a）の作成した日本版 PGM 尺度は，いぜんとして生きがい感尺度であると自身によって主張されているのに対して，PGC モラール・スケールは，大体において，いまだ Larson のいう主観的幸福感尺度であるとみられている。ただこのスケールをわが国に紹介した前田他（1979）は，近年生きがい感スケールといわず，かといって主観的幸福感スケールともいわず，研究の場では，単に PGC モラール・スケールと称している（前田他，1988a）。そのため，ほんらいのこの名称で使用する研究者が増えてきているが，けだし当然の帰結といえよう。

　また，古谷野（2002）も明瞭に定義された概念と適切な測定法の存在は科学的な研究を進める上で不可欠な条件であるが，じゅうらい十分な

第Ⅰ章 序　論

理論的あるいは概念的な検討を経ずにモラールや生活満足度を生きがいの指標とみなしてきたことは，もはや許されなくなったというべきであると 2002 年に述べている。

2）PIL スケールと生きがい感

また PIL（Purpose in life）という実存心理検査がある。これは実存分析の Frankl が臨床面で用いていたテストを Crumbaugh 他（1964）が標準化したテストである。これはその名の通り人生の目的テストであるが，Frankl が人生を力強く生きるためには本人が自らの人生に対して意味と目的を付与すべきだという考えから作成されている。

そしてこの PIL テストをわが国に紹介し，研究を始めた佐藤（1975）は，1993 年，この Frankl の提唱した人生の意味と目的はまさに生きがいであると論断し，この 20 項目からなる PIL テスト（part A）を生きがいテストであると公表したのである。熊野（2003）も PIL スケールは生きがい尺度であるとし，PIL を使い，過去と未来の予期イベントがどのように生きがいに影響するかを調査研究している（2005）。また山幡（1991）は，生きがい感に関する研究として一般老人と老人ホームに住む高齢者の生きがい感の測定にこの PIL テストを用いている。さらに大阪府立公衆衛生研究所（1999）も退職者の生きがい感調査としてこの PIL スケールを使用している。

また，太田他（1997）は患者の QOL とサポートとの関連を調査しているが，そのさい，QOL の指標の 1 つとしてこの PIL 生きがい尺度を使用している。しかし，Frankl が強調した人生の意味と目的が生きがい感であるとの検証がなされていないこと，さらに，この Crumbaugh の作成した項目をみると，生きがい感尺度としては，異質な項目が含まれていることである。たとえば「私は無責任な人間である」という質問項目があり，7 件法で回答を求めているが，これは単なる性格特性をたずねており，さらに「自殺を本気で考えたことがある」，「死に対して私は恐くない」などはうつ病チェックに使われる内容である。このように生きがいとは無関係と思える項目があり，表面的妥当性に欠けている点である。

3）QOL スケールと生きがい感

　また，QOL（Quality Of Life）と称するテストがあり，心理学のみならず，医学，社会学の領域で研究がおこなわれてきている。生活の質，生命の質，人生の質とも訳される。最初は Campbell 他（1976）がアメリカ人の生活の質を研究したのが始まりであるが，これはまさにより質の高い生活を送るため，生活環境などの客観的指標や満足感などの主観的指標を想定している。そして仕事や金銭などの客観的指標が主観的指標に影響をおよぼすものと説明する。そのため，Ferrans（1985）や Chubon（1987）なども主観的指標の方がより重要であると述べている。また，WHO（世界保健機構）では，QOL を「一個人が生活する文化や価値観の中で，目標や期待，基準，関心に関連した自己の人生の状況に対する認識」と述べており，主観的側面ととらえている（田崎他，1997）。わが国の医学界において，生越他（1994）は胃癌手術後の患者に対して治療および回復経過に合わせて新たに作成した QOL を実施し，比較検討する研究をおこなっているが，そのさいの 10 項目（3 件法）による QOL は，はっきりと生きがい調査であると明記している。そしてこの QOL スケールは健常者をも対象にしうるスケールで，生活の快適性や満足感を調べるとのことであるが，項目内容をみると，「身体のどこかが痛むことがあるか」，「喉や胸につかえる感じがあるか」といった身体症状をチェックする項目が半数以上の 6 項目もあり，生きがい感スケールとしては表面的妥当性に欠けるようである。その他，中村・福井（2001）が患者の QOL に関連する尺度をレビューしているが，各種癌患者の QOL，肛門造設患者，慢性腎不全，心疾患，肢体不自由，視覚障害者の QOL など多く作成されている。また山岡他（1996）は生活特性の QOL 測定への影響を調査するさい，Yamaoka 他（1994）が作成した QOL を使用している。そしてこの QOL を Yamaoka 他（1994）は日本語の生きがいに該当すると述べており，これは一般的な患者の QOL に着目して心理的要因，身体的要因，環境などに関する 20 項目（3 件法）からなる主観的な QOL であると述べている。しかし，生越他（1994）

第Ⅰ章　序　論

のQOLと同様，「疲れやすいか」，「身体がむくむか」，「食欲はあるか」，「睡眠はとれているか」などの質問項目があり，このQOLは主観的指標ではあっても生きがい指標とするには無理があるといえよう。以上QOLについて概観してきたが，上記のようにQOLという測定尺度は心理的側面だけでなく，身体的，環境的側面を同時に測っている。しかし，QOLは身体的，環境的側面が常に心理的側面に反映するという仮定の前提に立っている。しかし，たとえば劣悪な環境条件，悪い身体状況であろうと，本人の要求水準が低ければ，QOLの点数が低く出てこない場合は幾らでも出てくる訳であり，ここにQOL尺度に本来的な矛盾が存することになる。ましてこの身体的，環境的要因を含めたスケールがどのようにして生きがいとつながるのか，その理由が説明されていない以上，いささか論理の飛躍があると考えざるを得ない。

4）その他のスケールと生きがい感

つぎに外国で使われる観念を使ったスケールではないが，村井（1979）が，生きがい感を幸福感，はり合い感であると定義し，その程度を測ったスケールがある。さらに生きがいを喜びや楽しみと説明した上で「十分感じている」から「全く感じていない」まで4段階でたずねた調査が，総務庁長官官房高齢社会対策室による「高齢者の地域社会への社会参加に関する意識調査」でなされており，坂本（2003）によって報告されている。

また山本他（2002）によって「私の人生を良いと感じる」，「毎日の生活の励みになるものがある」，「今の人生に満足している」，「今の生活に生きがいを感じている」の4項目に対し，「とてもよくあてはまる」から「全くあてはまらない」まで4段階で回答を求める生きがい感スケール。

生きがいを生きているよろこびや幸福感と定義し，「生きがいや，はりを持って生活しているか」の設問に「ある」，「どちらとも言えない」，「ない」の3件法で求めた曽根他（2007）によるスケール。

さらに生きがいを生きている実感，生きていく動機となる個人意識と

定義し,「あり」,「なし」を測った長谷川他（2003）によるスケール。

　生きがいを「生きる喜び」や「生きる張り合い」をもっていることと定義し,生きがいの「あり」,「なし」を測った山下他（1989, 2001）によるスケール。

　また生きがい感について定義せず,被調査者にその内容の判断を委ねて生きがいの「あり」,「なし」を測った中西他（1997）や長谷川他（2005）,多田（1989）,大阪市（1994）のスケール,生きがいの有無について「非常にある」から「はっきり言えない」まで5段階で求めた藤本他（2004）のスケールや,山口県長寿社会開発センター（1997）の「大いに生きがいを感じている」から「全く感じない」まで,やはり5段階で求めたスケールなどがある。

5）まとめてみよう

　以上,ざっと研究の場における生きがい感スケールおよびそこに示された生きがい感定義を概観してきたが,わが国の研究の多くは,アメリカでそれぞれの目的で作成されたものが,日本の生きがいであるとされたものである。しかし,アメリカ人の生きがいがあるように日本人には日本人の生活風土に根ざした生きがいがあるはずである。それがどうしてアメリカ人の作ったもので間に合うのであろうか,ましてアメリカ人の手によって作られた尺度は最初から生きがい感を測っているとはいっていない。他の概念を測っているといっている。それを恣意的な見解から似通っている部分があるからといってイコールで結ぶのは,あまりにも短絡的過ぎはしないか。このように生きがいという概念について慎重な配慮を欠いていること,さらに生きがい感スケールの中に生きがい感そのものや,生きがいを生じると想定される背景要因を混在させてしまっていること,また常識的に生きがい感とは無縁と思われる質問項目があり,表面的妥当性に欠けることなどが受け入れ難くさせてしまっている。じゅうらいより生きがい感の重要性が叫ばれながら,生きがいや生きがい感スケールの研究が遅れてきたのは,1つにはこの主観的幸福感やPILなど舶来ものの研究で間に合わせようとしたことが原因である。

第Ⅰ章　序　　論

いずれも使われてきた外国の諸概念がわが国の生きがいであるとの検討がなされていない。

いっぽう外国の概念を生きがいに用いなかった研究者にも上記のことは多かれ少なかれあてはまる。生きるよろこびや楽しみ，張り合いなど，それぞれ真剣に思考されたものではあっても調査に照らしていない以上，やはり恣意的であり，特定の価値観や人生観が含まれているのではないかという批判から免れることはできない。

さらに定義には触れずに被調査者に定義を任せてしまっている場合は，回答内容の比較に信頼性がおけなくなる。やはり調査にもとづいた日本人の生きがいを測る尺度は最初から作られねばならないと考えられる。

そもそもこの生きがいという意識は自我の確立する青年期より生ずると考えられ，中年期を経て老年期にまでいたるきわめて息の長い概念であると考えられる。したがって心理学の分野では青年心理学から老年心理学にわたり，また社会福祉学はもとより，社会学や医学からも熱い視線が注がれている。

さらに高齢社会を迎えて，その論議が盛んになってきただけあって，上記で述べてきたようにずいぶんと多くの定義がなされてきている。その全てを網羅できた訳ではないが，各先達によってなされた定義は，経験にもとづく直感的なものから，かなり調査にもとづいてなされたものまである。しかし，最後に説得力をもつのは妥当で客観的な調査による結果から導かれたものであろう。

6. 主観は定義になるのか？

生きがい感がその言葉の性質上，主観であることは先述した通りであるが，それでは各人の主観が定義になるのか，それはならないといえる。なぜなら学問上，取上げる定義は多くの主観の中から多数の人が認める生きがい感に集約化，一般化することが必要だからである。これは生きがい感を論議し，研究する上で領域を定める基礎的な作業となる。した

がって集めた生きがい感の中でこんなのは生きがい感に入らないと多数の人が言った場合には，除外される場合も当然出てくる。それでは除外された人の生きがい感はどうなるのか，たしかに研究の領域からは外されるが，その人の生きがい感はまさにその人の生きがい感として認めていくことになる。それは主観である以上当然といえる。このように定義するという研究にさいしては多数が対象であり，全員でない場合も出てくることを理解しておかねばならない。

7. 操作的生きがい感定義のとらえ方とは？

　調査にもとづいたものとしては，1991年から5年ごと，シニアプラン開発機構（1992，1997，2002）が50歳以上のサラリーマンOB約3000人を対象にサラリーマンの生活と生きがいに関する調査をおこない，毎翌年結果を発表したものがある。そのさい，多面的な8つ（2回目より9つ）の生きがい感の概念を示し，その中で生きがいにもっとも近いものを2つ選ばせるという方法をとり，順位づけをおこなっているものである。しかし，壮年期より老年期までを対象としているため，定義が年代をまたがっていること，また最初から生きがい感の枠を設定してしまっていることである。その点に問題があるため，それではその調査のやり方を修正して定義づけたならばそれを現代のシニアの生きがい感としてよいのであろうか。それはやはり早計であろうと思える。なぜなら，それを測るスケールができていないからである。生きがい感をたずねる調査をおこなったならば，そのスケールも同時に作らねばならない。なぜなら今日では調査の次には測るという行為を社会から要請されるからである。

操作的定義とは？

　操作的定義とは一言でいえば測れる定義である。つまり定義した言葉の中身の程度を測定することができる，そういう測れる定義のことを指す。

　操作的定義を求めるには調査をおこなった上でスケールを作成し，そ

第 I 章　序　論

の後でスケールの構造にもとづいて定義するというやり方がもっとも妥当な方法であろう。なぜならスケール作成には項目分析（不要な項目を減らし，必要な項目を残す項目の選択のこと）を伴うため，でき上がったスケールの構造が最初の調査の段階での定義と一致しないことがままあるからである。そのためにもスケールを作ってから定義するのがもっとも間違いのない方法であるといえる。

　こうして基本的な調査にもとづかずにアメリカで使用されたスケールを輸入して恣意的になされた生きがい感定義はいうまでもなく，国内でも調査にもとづかないものは一般的な定義にはなり得ない。また調査をおこなったものであっても，スケールの作られていないものからなされた定義はいまだ定義にあらずといわざるを得ない。それは操作的定義になり得る可能性があるものとしかいえないのが正確ないいかたであろう。一に調査をおこない，それにもとづいて作成されたスケールから導かれたものが初めて操作的定義になるといえよう。

第 3 節　本著の目的と方法は

　生きがいという言葉がもっともよく使われ，社会的関心が高まっているのは老年期にいたった高齢者の生きがい感であることは論をまたない。しかし，前述したように生きがいが論じられるのは，自我の確立する青年期からである。そこで青年期と老年期に焦点をあて，調査にもとづいた生きがい感のスケールを作成，その後，生きがい感の操作的定義をおこなう。さらに高齢者の生きがい感に影響する諸要因を解明することを本著の目的とした。

　方法としては，青年期を迎えた大学生を選び，概念調査の後，本調査をおこなった。高齢者では，在宅高齢者を対象に概念調査を実施し，その後，在宅ではあるが，福祉センターへ出かけてくる高齢者を対象に本調査をおこなった（詳細については後述）。要因の究明では，作成された生きがい感スケールを使い，同じく福祉センター高齢者を対象に調査

をおこなった(詳細については後述)。さらに青年期の若者と高齢者を対象に生きがい感が高い人,低い人の事例をあげ考察することとした。

第1章の関連論文；近藤　勉　1997　生甲斐感への一考察　発達人間学研究, **6** (1), 11-20

第Ⅱ章　大学生の生きがい感スケールを作る，そして定義とは？

第1節　問題提起と目的は

　生きがいや生きがい感という言葉は老年期においてよく使われるが，実際は青年期より成立する概念であり，そのことは藤原（1972），五味（1978），秋山（1978），森下（1987）など多くの著書において論議されていることからもわかる。したがってその概念について青年期の若者を対象になされた調査も数多くある。代表的なものは総務庁青少年対策本部（1991）による調査である。これは5年ごとに行われるため，生きがい意識の動向をつかむ貴重な資料となっている。しかしながら生きがいを感じる時の状況が最初から1．社会のために役立つことをしている時，2．仕事に打ち込んでいる時，3．勉強に打ち込んでいる時，4．スポーツや趣味に打ち込んでいる時，5．家族といる時，6．友人や仲間といる時，7．親しい異性といる時，8．他人にわずらわされず一人でいる時，のように8通りに設定されているため，それ以外の自由な発想を得ることはできない。また，見田（1967）によっておこなわれた全国青壮年意識調査を初めとして新聞社などによる生きがい調査もおこなわれているが，いずれも同様である。

　しかしこのような生きがい感調査に含まれる調査項目は，どのような根拠によって選択されているのであろうか。調査がおこなわれる限り，それ以前に「生きがい感とは何か」という概念定義についての合意が必要である。それがなされていない以上，調査自体も被調査者の生きがい感を反映したものとはいえないことになる。そのため一般の人々が生きがい感をどのようにとらえているかについては，「どんなときに生きがいを感じるか」を問う自由記述式調査を実施するのが適切ではないかと思われる。これまでにおこなわれた自由記述式調査としては，佐藤他

第Ⅱ章　大学生の生きがい感スケールを作る，そして定義とは？

(1971) による大学生を対象としたものがある。その調査結果を見ると，やはり8つの分類では整理しきれない生きがい感（過程一充実としては，合唱している時，経験としては，クラブサークル活動している時，対人関係としては，人から頼られる時，他人とうまくいく時，他人から認められる時，恋愛している時）がみいだされている。そしてその結果をもとに生きがい感は「価値ある目標に向かって努力していく過程で感じる充実感」，あるいは「目的を達成した時の満足感，それに伴う生の実感，喜び」と定義されている。これは貴重な資料であると思われるが，その結果をもとに結論づけられた概念定義は，研究者が恣意的に集約し導き出したもので終わっており，この定義を再検証するための調査がおこなわれていない。これを検証するためには，結論づけられた生きがい感定義の適否を直接問う方法も考えられるが，一般の意識調査の質問内容としては，かなり抽象的な問いとなり回答に困難が予想される。したがって，自由記述式調査の結果，「どんなときに生きがいを感じるか」について得られた項目を再調査によって取捨選択し，そこからスケールを作成する。そしてそのスケールを用いた調査によって項目分析[1]をおこない妥当性[2]と信頼性[3]の検証をした後，そのスケールの因子構造をもとに概念定義をおこなうことが適切であろうと思われる。また今日にいたるも自由記述でなされた調査がそのままスケール作成にまでつながった研究はなされていない。

　そこで本研究では，生きがい感とは何かについて最初にあえて規定す

---

1) **項目分析**；スケールの項目の中に他の項目と相関関係の弱い項目があるので，それを除き，互いに強い正の相関関係を有する項目のみでスケールを作成していく作業のことをいう（古谷野，1992）。
2) **妥当性**；測定しようと意図しているもの（ここでは生きがい感）を，たしかに測れているのかという確実性のことをいう。確実性の程度が高いと妥当性が高いという。
3) **信頼性**：そのスケールが意図しているものを，どの程度正確に測っているのかという安定性と再現性のことを指す。たとえていえば，伸び縮みしない物指しならば，安定性があり，信頼性が高いという。

ることなく，自由記述式調査によって「どんな時に生きがいを感じるか」についての第一次予備調査をおこなう。次に個々の人から得られた項目がどの程度生きがい感として支持されるかどうかを調べる第2次予備調査をおこなう。そしてその結果をもとにスケールを作成し，そのスケールの信頼性・妥当性を問うための本調査をおこなうこととする。したがって本論においては，現代大学生にとっての生きがい感についての概念定義を，そのスケールの因子構造が明らかになった後におこなう方針とする。

第2節　第1次予備調査をおこなう

1. 方法は

　調査対象：K大学生110名（男性56名，女性54名），平均年令20.55歳（$SD = 1.09$）

　調査時期：1996年1月中旬

　調査内容：あなたはどのような時に生きがいを感じますか，または感じましたか，以上の設問形式で自由記述による回答を求めた。

2. 結果と考察をみてみよう

　110名からは283通りの生きがい感の記述がみられたが，記述が特殊なもの，たとえば大学入試のため勉強していた時，対抗試合に勝つために練習している時，また会計士を目指して勉強している時などの場合は，目的があり達成したいことがある時という抽象的表現の文と同一と考え一つにまとめた。また類似の記述も1つに集約していったが，この作業は筆者を含めた3名の研究者でもっておこなわれた。その結果，49通りの生きがいの感じる状況が表された（その項目内容については第2次予備調査の結果；表Ⅱ-1参照）が，その中には「好きな異性に愛されている時」，「風呂に入ってよい心持ちがした時」，「好きな物を食べたり飲んだりする時」さらに「性的快感を味わう時」というのもあり，実にユニ

第Ⅱ章　大学生の生きがい感スケールを作る，そして定義とは？

表Ⅱ-1　第2次予備調査結果による生きがい感の得点順位と本調査結果による得点別回答率（％）

第2次予備調査結果				本調査結果		
順位	合計点	項目内容（第1次予備調査結果）	項目	はい	どちらでもない	いいえ
1	137	夢中になって好きなことができる時	17	64.9	22.6	12.5
2	136	自分の趣味や好きなことに出会えた時	11	56.73	31.25	12.02
3	135	努力した結果報われたと感じた時	30	57.69	28.37	13.94
4	131	自分が必要とされ，存在価値を感じる時	1	50.96	34.62	14.42
5	130	目的があり達成したいことがある時	6	70.19	17.31	12.5
6	122	自分の能力が発揮できる時	13	12.98	49.52	37.5
7	117	ものごとにやる気を持っている時	3	49.04	39.42	11.54
8	117	やりがいのあることをしている時	26	42.79	35.1	22.12
9	117	将来に希望を持っている時	9	63.94	25.0	11.06
10	112	毎日が充実していると思う時	20	39.9	41.35	18.75
11	112	周囲から認めてもらっていると感じる時	25	31.73	55.77	12.5
12	107	好きな異性から愛されている時	21	22.12	12.98	64.9
13	107	幸せを感じる時	37	38.94	46.63	14.42
14	102	皆で力を合わせ目的を達成した時	39	35.1	37.5	27.4
15	96	なにごとに対しても積極的に取組んでいこうと思っている時	31	57.21	29.33	13.46
16	94	向上しようと心掛けている時	4	67.31	24.04	8.65 ×
17	92	私は他人から信頼りにされていると感じる時	24	22.6	59.62	17.79
18	92	自分の人生に大きな期待を持っている時	18	50.48	35.1	14.42
19	84	人のために役に立ったと思う時	28	50.48	31.73	17.79
20	82	生活に満足している時	34	44.71	36.54	18.75
21	76	他人が喜んでくれることをした時	16	35.58	50.48	13.94
22	76	小さなことでも感動した時	2	72.6	16.35	11.06
23	75	自分が高く評価された時	19	22.12	45.67	32.21

第2節 第1次予備調査をおこなう

24	71	今日は一日好きなことができるという楽しい期待の持てる時	42	37.02	28.85	34.13	
25	70	人間的に成長したと感じる時	8	55.75	28.85	15.38	
26	65	全てのことが順調に進んでいる時	41	18.27	40.87	40.87	
27	49	世界がバラ色に輝いて見える時	29	23.08	34.13	42.79	
28	43	好きな物を食べたり、飲んだりする機会が持てる時	15	66.83	19.71	13.46	
29	42	フカフカの布団でねられる時	7	66.35	17.31	16.35	
30	38	晴れた日の晴れやかな気分の時	32	45.67	35.1	19.23	
31	38	毎日が平和で楽しいと感じる時	40	38.94	40.87	20.19	
32	38	暖かい日差しの中で昼寝ができる時	14	30.29	26.44	43.27	
33	35	楽しい会話をする時	10	65.38	27.4	7.21	×
34	35	まわりの人たちとうまくやっている時	22	68.27	28.37	3.37	×
35	35	好きな歌や音楽を聞いている時	23	80.29	12.5	7.21	×
36	33	家族や他人に対し、深い思いやりを持っている時	35	52.88	37.98	9.13	×
37	32	私は今まで知らなかった新しい自分を発見する時	36	43.27	33.17	23.56	
38	21	課せられた役割を果している時	33	44.71	37.98	17.31	
39	18	のんびり、リラックスできる時	5	72.12	15.87	12.02	
40	13	雄大な景色を眺めている時	12	67.79	20.67	11.54	
41	3	スポーツを観戦したり、また自らもする時	27	65.38	18.75	15.87	
42	0	心ゆくまで買物をした時	38	36.06	16.83	47.12	
-	-	- - - - - - - - - - -					
43	−12	性的快感を味わう時					
44	−14	風呂に入って心地よい気持ちがした時					
45	−19	まわりが自分中心にうまく回っていると思う時					
46	−32	早く明日が来て欲しいと思う時					
47	−83	眠たくてうとうとしている時					
48	−91	悲しみに出会った時					
49	−108	悩んでいる時					

ークな生きがい感が見られた。じゅうらい，とくに生理的快感とも思えるものは生きがい感には入らないと神谷（1980），返田（1981），白石（1986），野田（1983），小川（1982）によって述べられている。しかし，第1章第2節3．で述べたように，感というものは本来，主観であるために生理的快感が生きがい感である場合もある。したがって本論では，実態調査から得られたこれらの項目もとりあげることとした。

第3節　第2次予備調査をおこなう

1. 目的は
　第1次予備調査（自由記述式調査）によって得られた49通りの生きがい感が特定の人だけの特殊なものか，一般的に適用できるものなのか，その確認の調査をおこなうこととする。

2. 方法は
　調査対象：K大学生160名（男性71名，女性89名），平均年令19.59歳（$SD = 1.32$）
　調査時期：1996年6月上旬
　調査内容：自由記述による全ての文章の後にそのまま，「～の時この気持は生きがい感になるか？」の設問を付け加えた形式に置きかえ，49の質問項目を作成した。回答は，はい，どちらでもない，いいえ，の3件法で求めた。
　得点化　3件法のため，1，0，－1と配点，項目得点の合計が0以上の項目を採用した。

3. 結果と考察をみてみよう
　表Ⅱ-1第2次予備調査結果のごとく49の質問項目のうち，結局合計点が0以上となる点線から上の42項目が採用された。また点線から下の不採用となった残りの7項目のうち「性的快感を味わう時」や「風呂

に入った時の気分」「悩んでいる時」などは特殊な生きがい感であり，一般的な生きがい感からは遠いと判断されたようである。

第4節　本調査をおこなう

1．目的は

　42項目によって構成される生きがい感スケールをもとに信頼性と妥当性を持つスケールであるか否かを項目分析をおこないながら検証することとする。

2．方法は

　調査対象者：K大学生208名（男性102名，女性106名），平均年齢18.76歳（$SD = 1.14$）

　調査時期：1996年7月上旬

　調査内容：第2次予備調査の結果得られた42項目の内容をできるだけ原文に忠実に質問形式に変え（表Ⅱ-2の項目内容参照），はい，どちらでもない，いいえ，の3件法により回答を求めた。またスケールの基準関連妥当性検証の基準値に使用するため「あなたは生きがい感をどの程度感じていますか」というCantril（1965）の考案したセルフ・アンカリング・ストライビングスケール（以下セ・スケールと称す，内容については第Ⅴ章第1節に詳述する）での回答（0～10点）を同時に求めた。

　得点化：3件法の回答は3，2，1と配点。

3．結果と考察をみてみよう

1）得点通過率[4]による項目分析をおこなう

　2件法の場合，はい，いいえの回答比率が80％以上，20％以下を除外の目安にすると塩見他（1991）によって示されているが，3件法の場合は，もう少し厳しい通過率になると考えられる。しかし，残された項

第Ⅱ章　大学生の生きがい感スケールを作る，そして定義とは？

表Ⅱ-2　現代大学生の生きがい感スケール（31項目）の因子分析結果（オブリミン回転）

設問番号	項目内容	第1因子	第2因子	第3因子	第4因子	共通性
「現状満足感」因子						
34	私は今の生活に満足感があります	.65	.00	.07	.17	.58
40	毎日が平和で楽しいと感じています	.54	.18	.10	.09	.48
37	私は今幸せを感じています	.52	.10	.15	.14	.50
20	私の毎日は充実していると思います	.52	.03	.16	.26	.59
41	全てのものごとが順調に進んでいると思っています	.50	.19	.19	-.02	.44
「人生享楽」因子						
14	暖かい日差しの中でよく昼寝を楽しみます	-.09	.49	-.04	-.07	.23
7	私はフカフカの布団で寝ることをよく楽しんでいます	.07	.46	.01	-.07	.24
15	私は好きな物を飲んだり食べたりする機会をよく持っています	.22	.44	-.09	.18	.31
38	私は心ゆくまで買い物をすることがあります	.28	.39	.18	-.16	.29
29	世界がバラ色に輝いて見えることがあります	.12	.39	.03	.27	.31
42	今日は一日好きなことができると思う日がよくあります	.11	.31	.16	.08	.21
「存在価値」因子						
24	私は他人から信頼され頼りにされています	.16	-.06	.68	.02	.57
16	私の行為で人に喜んでもらえることがよくあります	-.02	.04	.68	.06	.53
1	自分が必要とされ存在価値を感じることがあります	-.01	-.01	.63	.05	.42

項目	内容					
39	皆で力を合わせ目的を達成することがよくあります	.17	.05	.63	−.14	.44
28	人のために役に立ったと感じることがよくあります	.00	.09	.58	.02	.38
19	自分は高く評価されたと思えることがよくあります	−.03	−.04	.56	.11	.36
33	私は課せられた役割をよく果たしています	.11	−.20	.48	.03	.29
8	私は人間的に成長したと感じることがあります	−.19	.13	.47	.20	.35
25	私は周囲から認めてもらっています	.35	−.02	.44	.01	.45
36	私は今まで知らなかった新しい自分を発見することがあります	−.26	.34	.36	.10	.30
30	努力した結果報われたと感じることがよくあります	.19	−.04	.35	.24	.38

「意欲」因子

項目	内容					
9	私は将来に希望を持っています	.01	.18	−.06	.75	.58
18	自分の人生に大きな期待を持っています	−.00	.11	.01	.70	.52
3	私はものごとにやる気を持っています	.03	−.13	.14	.61	.49
6	私には目的があり、達成したいことがあります	−.08	−.15	.03	.58	.33
31	私はなにごとに対しても積極的に取り組んでいこうと思っています	.12	.02	.20	.41	.36
26	今やりがいのあることをしています	.11	−.05	.12	.41	.28
17	夢中になって好きなことをしていることがよくあります	.27	−.03	.08	.35	.31
13	私は現在自分の能力を精一杯発揮しています	.24	−.01	.13	.35	.33
11	自分の趣味や好きなことに出会えることがよくあります	.29	−.01	−.01	.32	.24

| | 固有値 | 9.10 | 2.14 | 1.75 | 1.54 | 累積寄与率 |
| | 因子寄与率 | 27.5 | 4.8 | 3.8 | 3.0 | 39.1 |

目中に因子的妥当性の高い項目が含まれている可能性を考え，90％以上10％以下を除外することとした。結果は，表Ⅱ-1の本調査結果右端に示すごとく，いいえが10％以下（90％以上の項目なし）の5項目（項目番号4，10，22，23，35）を弁別性の悪い項目として減らし，37項目とした。

2）因子分析[5]をする

因子分析による因子的妥当性[6]の検証をおこなうこととする。37項目の下位項目を持つこの尺度は生きがい感という一つの変量を測定するために作成されたものとみなされるので，直交解ではなく各因子が相関を持つ斜交解による分析をおこなうこととした。主因子法により固有値が1以上の因子を選択したところ，固有値のスクリーが第5因子から始まっており，またオブリミン回転をおこなったところ，4因子の場合がもっとも各因子の特徴を説明できるため，因子数を4とした。累積寄与率は35.1％となった。ただ因子負荷量が0.3以下および共通性が0.2以下の項目が計6項目あり，ともに尺度構成にとって不適切と考えられるためこれを減らし，残り31項目でもって改めて因子分析をおこなった。

その結果，主因子法により固有値が1以上の7因子が選択されたが，オブリミン回転をおこなったところ適切な解は得られなかった。そこで固有値のスクリーが第5因子から始まっていること，オブリミン回転を

---

4) **得点通過率**；設問項目の回答のさい，はい，いいえ，どちらでもない，の回答に大きな偏りがあった場合，その設問項目は，はい，いいえ，どちらでもない，を弁別できる項目ではないと考え除外する。その弁別する割合のことをいう。
5) **因子分析**；Aの設問項目に，はいと回答する人が，CやFの項目にも，はいと回答するならば，A，C，Fの間には共通の因子があると考え，因子負荷量を検討し，各因子グループに分類する。また，どの因子にも入らない項目は削除する。これらの作業のことをいう。
6) **因子的妥当性**；因子分析をおこなうと，このスケールが何を測定しているのかを適切に表現するいくつかの下位尺度から構成されていることがわかる。このとき因子的妥当性が得られたと考える。

おこなったところ4因子の場合が表Ⅱ-2のようにさらに各因子の特徴を説明できることから4因子とした。

第1因子は「私は今の生活に満足感があります」,「私は今幸せを感じています」などから「現状満足感」と名づけ,第2因子は「私は好きな物を飲んだり食べたりする機会をよく持っています」,「私は心ゆくまで買い物をすることがあります」などから「人生享楽」因子,第3因子は「自分が必要とされ,存在価値を感じることがあります」,「人のために役に立ったと感じることがあります」,「私は周囲から認めてもらっています」などの項目内容から「存在価値」,また第4因子は「私はものごとにやる気を持っています」,「私は何ごとに対しても積極的に取組んでいこうと思っています」などの内容から「意欲」因子と名づけられた。

3) 因子間相関をみる

因子間相関（表Ⅱ-3）を見ると,第3の「存在価値」因子と第4の「意欲」因子とは0.51と高い相関値を示しているが,これは意欲因子の設問には対象に対する目的性が感じられ,そのことが目的達成による存在価値を認めさせることと関連したのであろうと考えられる。それに対し第2の「人生享楽」因子と第4の「意欲」因子とは0.09と大変低い相関値を示している。これは「人生享楽」因子の設問には刹那的内容がほとんどであるため,「意欲」との関連が低くなったと考えられる。またこの「人生享楽」因子は「存在価値」や「現状満足感」因子とも相関値が低いが,そのことはこの因子が　他の3因子からは独立した位置にあ

表Ⅱ-3　因子間相関　マトリックス

	F1（現状満足感）	F2（人生享楽）	F3（存在価値）
F1（現状満足感）	1.00		
F2（人生享楽）	.18	1.00	
F3（存在価値）	.18	.26	1.00
F4（意欲）	.36	.09	.51

ることを示しているといえる。

4) 項目得点と項目合計得点との相関をみる

ここで項目得点と項目合計得点との相関値を検討してみる。

その積率相関値は各項目とも0.4〜0.7の相関値を示す中で、項目（7）と（14）の相関値が0.3を切っていることがわかった。そのため（7）と（14）を外し、29項目でもって改めて分析し直すのも一法であるが、その作業を繰返すと第2因子を構成する項目がなくなってしまう恐れも出てくる。しかしこの（7）と（14）の項目の属する人生享楽因子は生きがい感にとって無視し得ない因子と考えられるため、あえて項目合計得点との相関値の低いことは看過することとし、生きがい感スケールはやはり4因子構造による31項目とする。

基本統計量

31項目スケールおよびセ・スケール得点の基本統計量は表Ⅱ-4, 5の通りであった。

表Ⅱ-4 31項目尺度得点の基本統計量

	N	平均	標準偏差	最大	最小
全体	208	68.95	11.86	93	35
男	102	66.27	12.43	93	35
女	106	71.54	10.71	92	45

表Ⅱ-5 セルフアンカリング尺度得点の基本統計量

	N	平均	標準偏差	最大	最小
全体	208	6.24	1.87	10	0
男	102	6.05	2.04	10	0
女	106	6.42	1.69	10	1

5) テスト得点と因子項目平均得点との相関をみる

ここで4因子による項目の平均点とテスト得点との積率相関値を比較し，生きがい感との関連を調べてみる。因子得点を使用することも考えられるが標本数が208では誤差が大きくなる可能性が考えられるため，各因子に含まれる項目の平均点を使用することとした。

結果は表Ⅱ-6のごとく，存在価値因子，現状満足感因子，意欲因子，人生享楽因子の順位で関連をもつことがわかった。

表Ⅱ-6　テスト得点と因子項目平均得点との相関

因　　子	積率相関値
第3因子（存在価値）	**0.87**
第1因子（現状満足感）	**0.82**
第4因子（意欲）	**0.81**
第2因子（人生享楽）	**0.62**

4. 基準関連妥当性[7]の検討をおこなう

セ・スケールによる得点を外部基準とした積率相関値は 0.8669（$df = 206$, $t = 24.9604$）と高い相関値を示した。現在，大学生あるいは青年層を対象とした生きがい感スケールは存在していない。たしかに大野（1980）によって大学生の充実感を測るスケールが生きがい感スケールと同義的なものと扱われたり，また外国のスケールが生きがい感スケールとして使われている例はある。しかし，第Ⅰ章第2節5. 5）で述べたごとく，それらの得点はいずれも外部基準にはなりえない。したがって併存的妥当性の基準値としては，今回セ・スケール得点に求めた。この

---

[7] **基準関連妥当性**；他のテスト（ここでは生きがい感のセ・スケール）の結果を基準として相関係数を算出し，高ければ，そのスケールは意図するもの（ここでは生きがい感）が測れていると考え，妥当性があるという。なお，高さの目安は 0.7 以上とされる（塩見他，1982）。

第Ⅱ章　大学生の生きがい感スケールを作る，そして定義とは？

得点は生きがい感の程度を一言でもってたずねることができるため，同じく生きがい感の程度を主観的判断による31項目の累計をもってたずねたスケールの妥当性の検証としてはもっとも適切であり，簡便な方法である。セ・スケールの作成者である Cantril（1965）はこのスケールの信頼性と妥当性の検討をおこなっていないが，Carpenter（1996）は自尊感情でもってこれをおこない，有効性を示している。

　このように本研究で高い相関値が得られた結果，31項目得点の累計が生きがい感の程度を表わすことが検証されたといえる。また同時にこのスケールが，セ・スケールではわかり得ない生きがい感の内容をもかなりの程度知ることのできるスケールであることになる。そしてこの検証によって，結果的に生きがい感の大きい人は31項目の累計点が大きいため生きがい感の各因子（意欲や享楽的気分，存在価値や現状満足感など）のバラエティにも富んだ人である可能性が高いと考えられる。また，Cantril（1965）の作ったセ・スケールは，青年期の生きがい感について信頼性が測られていないため，本論では再検査法による信頼性の検証を同時に求めることとする。

5. 再検査法による信頼性[8]の検討をおこなう
1）目的は
　31項目スケールが信頼性を持つかどうかについて再検査法にもとづいて検証することである。なおセ・スケールもあわせて検証する。
2）方法は
　調査対象者：K大学生208名の内，等間隔ランダムサンプリングにより60名を選び出し，郵送にて回答を求めた。回答数，有効回答とも52名（男性25名，女性27名）。

---

[8] **再検査信頼性**；1つの検査を一定期間後に再度実施し，両結果の相関を算出する。この相関係数が高ければ，このスケールは正確に測れているという測定の安定性が示されたと考える。

調査時期：1996年9月上旬（初回調査より2ヶ月の間隔）。
3) 結果は
　再検査法結果による両者の基本統計量と相関値に，表Ⅱ-7と表Ⅱ-8の通りであるが，いずれも非常に高い信頼性推定値が得られた。

表Ⅱ-7　再検査法における元検査データと再検査データの基本統計量

	31項目		セルフカンカリング	
	元検査	再検査	元検査	再検査
人数	52	52	52	52
最大	92	92	10	10
最小	54	51	2	3
平均	74.98	75.62	7.27	7.23
標準偏差	8.67	8.77	1.52	1.53

注）3件法のため最高点は93点となる。

表Ⅱ-8　再検査法における元検査データと再検査データとの相関

31項目	セルフカンカリング
0.98	0.98

6. α係数[9]による信頼性の検討をおこなう

　α係数は0.91と非常に高い信頼性推定値が得られた。

---

9) **クロンバックのα係数**；項目間の相関係数であり，これが高ければ，これらの項目が同じ事柄（ここでは生きがい感）の測定に関係していることを示す。

第Ⅱ章　大学生の生きがい感スケールを作る，そして定義とは？

第5節　結論はどうなった

　以上の結果から大学生を対象とした31項目による生きがい感スケールは，自由記述から求めた生きがい感の内容をそのまま質問項目の内容としているため表面的[10]，内容的妥当性[11]があり，また因子的妥当性もある。さらに基準関連妥当性も高く，信頼性も極めて高い尺度であるといえよう。ただ地域差など，何らかの特性の異なる大学生でも同様の因子が抽出されるのか，同様の妥当性が確認されるのかどうかといった交差妥当性に対する研究がさらに必要とされよう。また，今後はこのスケールを用いて現代大学生の生きがい感に影響する背景要因を探るといった研究が指向されよう。最後に4因子の項目の平均点とテスト得点との相関値をもとに生きがい感の定義づけをおこなう。

　現代大学生の生きがい感とは，自らの存在価値を意識し，現状に満足し，生きる意欲をもつ過程で感じられるものであるが，人生を楽しむ場合にも感じられることがあるとわかった。佐藤他（1971）による定義は，価値ある目標に向かって努力する過程で感じるもの，目的を達成した時の充実感であるとされてきたが，現代の大学生はそれだけでなく生活の満足や人生享楽をも重視することが生きがい感につながると考えていることを示唆する結果となった。

　この享楽的なものが生きがい感としてとらえられているという結果は，現代の若者が社会から期待される生き方や価値観にとらわれず，現在を自由に主体的に喜びを味わって生きることにためらいを感じなくなっていることのあらわれであろうと思われる。

　本論では，大学生に対する自由記述式調査から出発して，生きがい感

---

10) **表面的妥当性**；専門的知識をもたない被調査者に，なるほどそれ（たとえば生きがい感）を測るために関連する質問だなと思わせる見かけ，印象のことである。
11) **内容的妥当性**；スケール項目の課題や内容が意図しているもの（ここでは生きがい感）であるかどうかを問う。

スケールを作成した。またそこから，若者の生きがい感についてのとらえかたを得て，生きがい感の概念定義を試みた。その結果，自らの存在価値，現状満足感，生きる意欲などの説明概念は，じゅうらいの諸説（藤原，1972；五味，1978；森下，1987）と類似する部分があったが，とくに享楽因子は，じゅうらいにない説明概念であると思われる。若者が生きがい感をこのようにとらえている以上，その因子を含んだスケールこそ，標準的なスケールになり得ると思われる。そして望ましい生きがい感とはどのようなものであるかについての論議は，本論のような若者の現状を提示した資料によって初めておこなわれるものと思われる。

なお，この拙論は心理測定尺度集Ⅱ（2001）にも掲載されたが，その時には，編者より項目内容からみて青年期以降の成人一般に適用可能な尺度であると推奨されている。

なおスケール内容については，付録1を参照。

第6節　第Ⅱ章の要約

生きがい感ということばは老年期によく使われるが，自我の確立する青年期に成立する概念である。それでは青年期の生きがい感とはなにか，これについては，種々の調査研究があるが，当初から生きがいの生じる時が調査者によって設定されていたり，また大学生を対象に自由記述でおこなわれたものは，単に調査者によって恣意的に整理されたもので終っている。そこでまず大学生を対象に第1次調査として，「どのような時に生きがいを感じるか」を自由記述式でたずね，次にそれが一般的な生きがい感になるかどうかの確認の第2次調査をおこなう。その後，スケールを作成し，信頼性と妥当性の検討をおこない，最後にスケールの構造にもとづいた生きがい感定義をおこなうこととした。まず自由記述から得られた283通りの生きがい感の記述は49通りに整理され，さらに確認の第2次調査で42通りに整理された。さらにこれを質問項目に

第Ⅱ章 大学生の生きがい感スケールを作る，そして定義とは？

置き換えて本調査がおこなわれたが，因子分析を含む項目分析の結果，31項目に集約された，さらにセ・スケールを外部基準値とした相関値は高く，α係数と再検査結果によっても高い信頼性推定値が得られた。上記のスケールの因子構造からみられる生きがい感の定義とは，自らの存在価値を意識し，現状に満足し，生きる意欲をもつ過程で感じられるものであるが，同時に人生を楽しむ場合にも感じられるものであることがわかった。

第Ⅱ章の関連論文；近藤　勉・鎌田次郎　1998　現代大学生の生きがい感とスケール作成　健康心理学研究，**11**（1），73-82.

第Ⅲ章 高齢者向け生きがい感スケール（K-Ⅰ[12]式）を作る，そして定義とは？

第1節 問題提起と目的は

　高齢社会の到来を迎えて，高齢者の精神生活を左右する生きがい感には強い関心が寄せられるようになった。それは，老人福祉法第2条，および1990年に改定された老人福祉法の基本理念においても「老人は多年にわたり社会の進展に寄与してきた者として，かつ，豊富な知識と経験を有するものとして敬愛されるとともに，生きがいをもてる健全で安らかな生活を保障されるものとする」と定められていることからもわかる。

　しかし，ここでつねに問題となるのは，いったい，この生きがい感とはそもそも何なのか，生きがいを多くもつ人ともたない人はどうしてわかるのかといった問題である。さらに生きがいを高めるための社会福祉施策や設備の成果を確認するための評価の方法はどうするのか，こうした時代の要請に老年心理学は果してこたえられているのであろうか。この分野の評価のスケールとしては，第Ⅰ章第2節5．で述べたごとく，過去アメリカで類似概念を測るスケールが生きがい感スケールと称され使われてきたことであった。また外国での概念を使ったものではないが，生きがい感を恣意的に定義し，その程度を何段階かに分けて作ったスケール，さらに生きがい感の解釈を被調査者に任せて測るスケールなどであった。このような状況を考えるならば，わが国には，高齢者の生きがい感の客観的な調査にもとづいて作成されたスケールは存在しないとい

---

12) 第Ⅳ章のスケールと区別するため，K-1式とした。なおスケール内容については付録2を参照。

第Ⅲ章　高齢者向け生きがい感スケール（K-Ⅰ式）を作る，そして定義とは？

える。そのため，そのようなスケールが新たに求められる理由がここにあるといえる。一方生きがい感の定義はスケール作成とは別になされてきた。たしかにもともとの定義は国語辞典にあるとはいっても，辞書はあくまで基本的参考資料にしかなり得ないと考えられる。また研究者によるものとしては神谷（1980）を初めとして多くの定義がある。しかし，調査に照らしてない以上，思弁的で研究者の人生観が含まれているという疑念は避けられない。その意味において，生きがい感の概念調査にもとづいてなされた定義は説得力をもつ。過去に調査をおこなったものとしては，第1章第2節7.で述べたごとく，シニアプラン開発機構（1992，1997，2002）によるものがある。具体的には，「生活の活力やはりあい」，「生きる目標や目的」，「自分自身の向上」，「他人や社会への役立ち」，「自分の可能性の実現や何かをやりとげた感じ」（第2回調査より追加），「生活のリズムやメリハリ」，「心の安らぎや気晴し」，「人生観や価値観の形成」，「生きるよろこびや満足感」の9つの構成概念を文献から選んで設定し，壮年期から老年期までを対象に調査されたものである。

　その結果は，「生きるよろこびや満足感」，「生活の活力やはりあい」が上位となり，「生活のリズムやメリハリ」，「人生観や価値観の形成」が下位であったと報告されている。しかし，その調査方法は，生きがい感にもっとも近いものを2つだけ選ばせるというものである。しかし，この方法ならば，結果は単なる順位づけで終ってしまい，9つの概念が生きがい感に入るのか，入らないのかといった調査はおこなわれておらず，概念調査として十分とはいえないことになる。また，上記の結果をもとにしたスケール作成の試みもなされていない。

　そこで，本研究では生きがい感という概念の範囲を調査によって検証し，仮の定義をおこない，それをもとに高齢者の生きがい感スケールを作成する。さらにそのスケールの信頼性，妥当性を検証し，しかるのち，その尺度にもとづいて高齢者の生きがい感の操作的定義をおこなうことを目的とする。

第2節　方法は

1. 概念調査をやってみる
1) 概念の選定をする

シニアプラン開発機構（1992，1997，2002）によって提示された構成概念，さらにそれをもとに川元（1997）によってつくられた生きがい感創出感情，および筆者が新たに文献から選び出したものを加えて15項目を作成し，生きがい感とみなせるかどうかの概念調査をおこなった。

2) 方法は

1999年4月上旬，60歳以上の都市部の在宅高齢者162名（男性102名，女性60名），平均年齢68.56歳（$SD = 5.31$）に対し郵送法により調査をおこなった。調査項目は表Ⅲ-1の通りであり，生きがい感に入るも

表Ⅲ-1　高齢者の生きがい感概念調査項目

項目番号	概念項目
1	なにか目的を持ってやりたいと思う気持ち（意欲，目的感）
2	私にはやらねばならないという気持ち（使命感，責任感，義務感）
3	なにかなしとげたという気持ち（達成感）
4	今の生活を幸せだと思う気持ち（幸福感）
5	ふさいでいる気分を晴れさせた時の気持ち（気晴し）
6	家族や世間の役に立っていると感じる気持ち（役割感，貢献感，有用感）
7	今の生活に満足している気持ち（満足感）
8	安らかでおだやかな気持ち（安らぎ感）
9	まだまだ長生きしたい，まだ死にたくないという気持ち（生への執着）
10	向上したと感じる気持ち（向上感）
11	心に張りあいがある気持ち（張りあい感）
12	家族や他人から期待され，頼りにされている気持ち（期待され感）
13	生活のリズムやメリハリがついている気持ち（生活にメリハリ感）
14	他人から認められ評価されている気持ち（自尊，承認，評価され感）
15	人生観や価値観を形成できた気持ち（人生観，価値観の形成）

第Ⅲ章　高齢者向け生きがい感スケール（K-Ⅰ式）を作る，そして定義とは？

のは○，どちらともいえないものは△，入らないものは×とし，回答を求めた。配点は，1，0，-1とし合計点が0以上の項目を採用した。

3）結果と考察をみてみよう

表Ⅲ-2に各調査項目ごとの得点結果を掲げる。11位の「人生観，価値観の形成」から15位「気晴らし」までの5項目はマイナス得点となった。得点が0以下とはこの5項目が生きがい感に入るという人よりも入らないという人のほうが多かったことを表しているが，このうち「人生観，価値観の形成」，「安らぎ感」，「生活のメリハリ感」，「気晴らし」はシニアプラン開発機構で生きがい感の構成概念とされたものである。また「安らぎ感」は川元により生きがい感創出感情とされたものである。しかし，本調査の結果はこれらの概念が結果的に生きがい感の構成概念

表Ⅲ-2　構成概念別得点

順位	項目番号	概念	合計得点*
1	1	意欲と目的感	132
2	6	役割感，貢献感，有用感	122
3	3	達成感	109
4	2	使命感，責任感，義務感	105
5	11	張りあい感	103
6	12	期待され感	78
7	10	向上感	76
8	14	自尊，承認，評価され感	59
9	4	幸福感	42
10	7	満足感	13
11	15	人生観，価値観の形成	-4
12	8	安らぎ感	-7
13	13	生活のメリハリ感	-8
14	9	生への執着	-44
15	5	気晴らし	-77

*調査対象者全員が1点を与えた場合162点となる。

として検証されなかったことになる。これは前述のごとく，シニアプラン開発機構による調査の形式が，順位づけに終わり，生きがい感の範囲を決めるための調査がなされていなかったためであろう。同様に川元によって生きがい感の創出感情であるとされた「安らぎ感」も，シニアプラン開発機構の調査結果を導入したに過ぎないため，同じ結果になったと考えられる。さらに"長生きしたい，まだ死にたくない"という「生への執着」も入らなかったが，これは生きがい感というものが単に生き延びるということではなく，積極的意欲をもって生きようとする心情を表していることを示すものといえる。上記の調査によって1位～10位までの概念が生きがい感の領域であると認められた。この結果から得られる高齢者の生きがい感の仮の定義は，毎日の生活のなかでなにごとにも目的をもって意欲的であり，自分は人の役に立つ存在との自覚と責任感をもって生きていく張りあい意識であるが，なにかを達成した，向上した，また恵まれていると感じられるときにももてる意識であるといえる。

2. 項目の作成と選定をする

　この仮の定義に含まれる構成概念をもとに，また，概念調査時の項目内容を参考に，筆者らが考案した設問項目を含め，43の設問項目を収集用意した。そしてこの43項目に対し60歳以上の心理学研究者3名と筆者ら2名の計5名により，10の構成概念を明らかに表していると思える内容の項目を，それぞれ1つ以上，内容が重ならないように選び，最終的に5人の評決でもって，18項目を本調査の設問として選定した。

3. 本調査をおこなう

　前述の手続きにより用意された18の質問項目をもとに，スケールの本調査をおこなった。1999年7月上旬，大阪府下都市部に位置する老人福祉センター3ヶ所にて，391名（男性190名，女性201名）平均年齢72.96歳（$SD = 7.77$）に対し，個別面接で18の質問項目を「はい」「ど

ちらでもない」「いいえ」の3件法でたずねた。得点は生きがい感の高いほうから2，1，0と配した。また，スケールの基準関連妥当性を検証するための基準値として，「あなたは生きがい感をどの程度感じていますか」というセ・スケールの回答（0～10段）を同時にたずねた。そのさい，生きがい感の仮の定義を教示として示した。さらに再検査法による信頼性の検証のため，同センター高齢者391名のうちからランダムに選んだ128名に対し，本調査の2ケ月後に再調査をおこなった。

第3節　結果と考察をみてみよう

1．項目分析をおこなう
1）得点通過率をみる
　3件法のため，はいが85％以上，いいえが15％以下の2項目（幸福感と満足感）を弁別性の悪い項目として減らし，16項目（表Ⅲ-3参照）とした。除外された項目のなかで，16番目の項目「私はまず幸せに暮らしているほうだ」という幸福感を表わす項目は，90％が「はい」と答え，「いいえ」はわずかに3.1％であった。また，7番目の項目「私は今の生活に満足している」という満足感を表す項目については，70％がはいと答え，いいえは12.8％であった。幸福感や満足感は，ほんらい相対的なものであり，これは国民の圧倒的多数が中流意識をもち10人のうち9人までが幸福と答えるという全国世論調査結果（1999）とも一致している。
2）因子分析をする
　このスケールは生きがい感という1つの変量を測定するために作成されると考えられるので，スケール内の各因子が相関をもつ斜交解による分析をおこなった。使用したパーソナル・コンピュータのソフトウェアは，SPSS for Macintosh Release 6.1.1である。主因子解による分析をおこなったところ，固有値のスクリーが第5因子から始まっており，さらにオブリミン回転を行ったところ，共通性が0.2を切る項目も，因子負荷量が0.3を切る項目もなく，表Ⅲ-3のように，4因子による場合がも

っとも各因子の特徴を説明できるため，因子数を4とした。

　第1因子は「何かなしとげたと思えることがある」，「他人から認められ評価されたと思えることがある」，さらに，「私にはまだやりたいことがある」などから，「自己実現と意欲」因子と名づけ，第2因子は逆転項目である「何もかもむなしいと思うことがある」，「毎日をなんとなく惰性で過ごしている」のほか，「いまの生活に張り合いを感じている」とも相関が高かったため，「生活充実感」と名づけた。さらに，第3因子としては「まだ死ぬわけにはいかない」，「世の中がどうなっていくのかもっと見ていきたいと思う」から，「生きる意欲」因子，第4因子は「私は家族や他人から期待され頼りにされている」，「私は世の中や家族のためになることをしていると思う」などから，「存在感」因子と名づけた。なお，以上の4因子で全体の38％が説明可能であることが判明した。

　次にこれら4つの因子間の相関係数を算出したところ，第1因子「自己実現と意欲」と第2因子の「生活充実感」との間に，0.41とやや高い正の相関があった。これは，意欲的に目標をもって自分の可能性を十分に発揮する態度は充実した日常生活が営めていることを表しているのであろう。また，「自己実現と意欲」因子と「存在感」因子とが，0.02ともっとも低い相関値を示したのは「自己実現と意欲」が，自分を中心として生じる能動的，積極的な意識であるのに対して，「存在感」は他者へのかかわりのなかから生じる比較的受動的な意識と考えられ，この違いがあらわれたと考えられる。

3) 項目得点と項目合計得点との相関をみる

　16項目とも0.4〜0.7の相関係数を示しており，この16項目によるスケールは，生きがい感という概念を測るスケールとして内的一貫性を示しているといえる。

4) 因子得点と項目合計得点との相関をみる

　因子による項目の平均点と16項目合計得点との積率相関係数を比較し，各因子の生きがい感への関与を表Ⅲ-4で示した。

第Ⅲ章　高齢者向け生きがい感スケール（K-Ⅰ式）を作る，そして定義とは？

表Ⅲ-3　生きがい感スケールの因子分析結果（オブリミン回転）

項目番号	項目内容	第1因子	第2因子	第3因子	第4因子	共通性
「自己実現と意欲」因子						
6	自分が向上したと思えることがある	.67	.00	.02	.05	.41
3	私には心のよりどころ，励みとするものがある	.65	.16	-.01	.06	.48
17	なにかなしとげたと思えることがある	.48	.04	.10	.00	.27
5	私にはまだやりたいことがある	.47	-.09	.00	-.21	.36
1	私には家庭の内または外で役割がある	.38	.01	-.15	-.20	.29
15	他人から認められ評価されたと思えることがある	.32	-.01	.04	.29	.32
「生活充実感」因子						
4	なにかもむなしいと思うことがある	.00	.72	.15	.15	.49
10	なんのために生きているのかわからないと思うことがある	.01	.62	-.01	.19	.50
2	毎日をなんとなく惰性で過ごしている	.13	.41	.19	.14	.34

第3節　結果と考察を見てみよう

		F1	F2	F3	F4	h^2
9	いまの生活に張り合いを感じている	.20	.37	.17	.21	.46
13	今日はなにをして過ごそうかと困ることがある	.10	.33	.20	.08	.21
「生きる意欲」因子						
14	まだ死ぬわけにはいかないと思っている	.04	.19	.48	.25	.43
12	世の中がどうなっていくのか、もっと見ていきたいと思う	.25	.04	.37	.08	.28
「存在感」因子						
18	私は家族や他人から期待され頼りにされている	.03	.13	.02	.64	.46
11	私は世の中や家族のためになることをしていると思う	.16	.11	.02	.48	.44
8	私がいなければだめだと思うことがある	.08	.07	.12	.48	.31
	寄与率（％）	27.1	5.7	3.0	2.2	
	累積寄与率（％）	27.1	32.8	35.8	38.0	

結果は表Ⅲ-4のような順位で生きがい感に関連することがわかったが，このうち，第3因子である「生きる意欲」因子の関与が低かったのは，「まだ死ぬわけにはいかないと思っている」と「世の中がどうなっていくのか，もっと見ていきたいと思う」の2項目が内容的にいくぶん消極的な意識を問うているためであろう。

表Ⅲ-4 因子項目平均得点と項目得点との相関

因　子		積率相関値
第1因子	「自己実現」	**0.87**
第4因子	「存在感」	**0.77**
第2因子	「生活充実感」	**0.76**
第3因子	「生きる意欲」	**0.58**

2. スケールの信頼性の検討をおこなう
1) 再検査法による信頼性の検討をおこなう

本調査のセンター高齢者のうちランダムサンプリングにより選びだされた128名（男性66名，女性62名 平均年齢73.5歳 SD = 7.64）に対して，2ヶ月の間隔をあけて同じ調査を個別面接にておこなった。この再検査法による信頼性係数では0.83と高い信頼性推定値を得た。

2) 内的整合性による信頼性の検討をおこなう

クロンバックのα係数を算出したところ，0.82と高い値を得た。このことは，この16項目スケールが十分一貫性の高い項目で構成されていることを示していることになる。

3. スケールの妥当性の検討をおこなう
1) 基準関連妥当性の検討をおこなう

基準関連妥当性は，同時期に得られる適切な外部基準との相関によって示される。たしかに前述したように，類似した概念を測るスケールが

生きがい感スケールとして使われてきた例はある。しかし，生きがい感であることを実証した研究はなされていないため，それらのスケール得点を本研究では外部基準に採用せず，Cantril（1965）が作成したセ・スケール得点を前章の場合と同様，基準値とした。それは筆者によって本研究と同時期に高齢者の生きがい感セ・スケールの信頼性と妥当性が示された（第Ⅴ章参照）ことにもよる。

今回，セ・スケール得点を基準値とした積率相関係数は0.87という高い相関係数が示された。したがって，16項目スケールの累計は生きがい感の程度を表すことを示した。それと同時に，このスケールがセ・スケールではわかり得ない生きがい感の内容をも，かなりの程度知り得ることのできるスケールであるといえよう。

2) 概念的妥当性[13]の検討をおこなう

概念的妥当性とは生きがい感という概念が，スケールによってどの程度測られているものであるかを示すものである。その1つの方法として，この概念を顕著にもつ人々との集団差を明らかにする方法があると渡部（1993）は述べている。そこで，生きがい感を顕著にもつと考えられる集団として老人大学受講生を選んだ。老人大学受講生とは，高齢者が時事問題から経済問題，健康福祉などの教養講座，さらに趣味や学習，実技などの講習を1年にわたって受ける受講生のことである。今回，取り上げた老人大学も国際理解と音楽，文学，芸能，美術，健康，観光，歴史などの各コースに分かれて学ぶ教養スクールであり，毎年の受講希望者が定員の2～3倍にも達する。こうした老後の向上心や積極的意欲を強くもつこれらの受講生は，生きがい感の高い集団として適切であると

---

13) **概念的妥当性**；その概念（ここでは生きがい感）がスケールによってどの程度測られているかを示すものであると考えられる。その1つの方法として，その概念を顕著にもつと推定できる人々と一般の人々との得点差を比較し，その違いが大きければ，そのスケールはたしかにその概念を測り得るスケールとして妥当であると考える。

みなし，本調査による老人福祉センター高齢者（以下センター高齢者と略す）との対照群に取りあげた。

1999年11月中旬，都市部に位置する大阪府下老人大学受講生173名（男性60名，女性113名），平均年齢69.8歳（$SD = 4.91$）に対し面接法で調査をおこなった。

ここで老人福祉センター群と老人大学受講生群のそれぞれの平均点を単純に比較する方法があるが，その方法では，平均点の違いはどの年代で出ているのか，性による違いはどうなのか，年代と性がからみ合って違いが出ているのか，そういった内容についてはわからない。そこでその内容をくわしく知るための方法として分散分析[14]という手法を使い調べることとした。

そこで，老人大学受講生とセンター高齢者の得点の差を検討するために，両群の年齢構成をそろえ，65歳以上80歳未満の回答者の得点を選び，72歳以下と73歳以上の2群に分けたうえで，群・性・年齢の3要因分散分析をおこなった。その結果を表Ⅲ-5に示す。

この結果，年齢と性には主効果はみられなかったが，群間にのみ大きな主効果が見いだされ，交互作用は見られなかった。

表Ⅲ-6に群，年代，性別による平均得点を示す。各群とも男性に比べて女性がやや高いように見うけられるが，性による主効果はみられなかった。

以上のことから老人大学受講生群は，センター高齢者群よりも明らかに得点が高く，この16項目からなるスケールが生きがい感という概念を表すスケールであることを示す1つの検証を得たといえよう。

本研究において，基本的に在宅高齢者であるセンター高齢者を対象とした16項目スケールは，生きがい感という概念の範囲を決める概念調査から始め，さらに複数の専門家による項目選択をおこない，本調査を

---

14) **分散分析**；要因（ここでは群や性，年代）によって分けた集団間で，ある得点（ここでは生きがい感得点）の差異を判定する方法である。

表Ⅲ-5　項目合計得点における群×年齢×性の3元配置分散分析結果

		df	MS	F
主効果	群	1	1619.52	38.24 ****
	年齢	1	74.22	1.75
	性	1	150.95	3.56
交互作用	群×年齢	1	57.55	1.36
	群×性	1	0.17	0.00
	年齢×性	1	4.22	0.10
	群×年齢×性	1	3.85	0.09
	誤　差	376	42.35	

注）群はセンター高齢者群と老人大学受講生群の2群。　****$p<.0001$
　　年齢は65歳〜72歳，73歳〜79歳までの2区分

表Ⅲ-6　群・年代・性別平均得点

		平均	SD	N
センター高齢者	72歳以下男	21.2	7.0	76
	72歳以下女	22.5	6.6	73
	73歳以上男	19.3	7.1	41
	73歳以上女	20.7	7.7	58
老人大学受講生	72歳以下男	24.7	6.2	32
	72歳以下女	26.6	4.9	62
	73歳以上男	25.0	5.7	19
	73歳以上女	26.0	4.5	23

注）3件法のため最高点は32点となる。

経て項目分析をおこなっている。さらに信頼性と妥当性の検証をおこなった。したがって，このスケールは基準関連妥当性，概念的妥当性，ならびに信頼性が高いスケールであることが示された。

　今後は，地域差など特性の異なる高齢者でも同様の結果が得られるか

どうかという比較妥当性の研究が必要となろう。最後に，この高齢者向け生きがい感スケールの構造にもとづいた高齢者の生きがい感の操作的定義をおこなう。

4. 高齢者の生きがい感の操作的定義とは

　高齢者の生きがい感とは，毎日の生活の中で，なにごとにも目的をもって意欲的であり，自分は家族や人の役に立つ存在であり，自分がいなければとの自覚をもって生きていく張り合い意識である。さらになにかを達成した，少しでも向上した，人に認めてもらっていると思えるときにも，もてる意識であるといえよう。

　ここで概念調査のときになされた仮の定義と比較してみると，「自分は恵まれていると感じられる意識である」という表現が抜け落ちている。これは本研究の項目分析の結果，いわゆる幸福感と満足感の項目がカットされたためであり，この2項目に関する表現が操作的定義のうえでは欠ける結果になった。

5. 実践への示唆

　以上のような手続きを経て作成されたこのスケールは，臨床場面でおおいに活用が期待される。老年期は多くの喪失に出会う時期であり，これらの喪失から生きがい感をなくす高齢者は少なくない。そのような高齢者を見つけ出し，生きがいある老後を送ってもらうために，このスケールは活用できよう。とくに，生きがい感の高い理由，低い理由をその項目の内容から，かなり知ることのできるこの16項目スケールは，簡便に程度だけがわかるセ・スケールに比べて存在価値は大きいと考えられる。

　さらに，なにが生きがい感を高める要因になっているのか，その要因を探ることは，生きがいある老後を送る高齢者福祉の理念を実現するために必要であり，そのためにもスケールが作成されなければならない。多くの社会福祉施策や福祉施設の拡充のさいの基本理念は生きがい感の

向上である。しかし，生きがい感とは何なのかという定義もはっきりせず，その施策が生きがい感の向上に寄与しているかどうかもわからないのでは，その目的を果たすことはできない。高齢社会を迎えて，このスケールが生きがい感のアセスメントとして役立てられることを望んでやまない。

なお，このK-I式スケールは，心理査定実践ハンドブック（2006）にも掲載されている。

第4節　第Ⅲ章の要約

高齢者の精神生活に影響する生きがい感とは何なのか。またそれを測るスケールはどうあるべきか，驚くべきことに老年心理学はいまだにこれにこたえられていない。アメリカでつくられた他の概念を測るスケールを代用してきたのが現状である。そこでわが国の高齢者の生きがい感を調査し，その結果をもとに生きがい感スケールを作成し，生きがい感を操作的に定義することを目的とした。まず162人の高齢者から生きがい感の範囲を定める概念調査をおこない，仮の定義を作成した。さらにその仮の定義にもとづいて項目を作成選定し，391人のセンター高齢者に対し本調査をおこない，項目分析の結果，16項目によるスケールを作成した。そのスケールは信頼性と妥当性が高いスケールであることがわかった。このスケールの構造から高齢者の生きがい感を定義すると，なにごとにも目的をもって意欲的であり，人の役に立つ存在との自覚をもって生きていく張り合い意識である。また，なにか向上した，人に認めてもらっていると思えるときにも感じられる意識といえよう。

第Ⅲ章の関連論文；近藤勉・鎌田次郎，高齢者向け生きがい感スケール（K-I式）の作成および生きがい感の定義，社会福祉学 43 (2), 2003, P.93-101

第Ⅳ章　高齢者向け生きがい感スケール（K-Ⅱ[15]式）を作る，そして定義とは？

第1節　問題提起と目的は

　第Ⅲ章の研究では概念の選定にさいし，生きがい感の構成概念の研究者たちによって想定されたもの，さらに筆者らによって新たに文献から選び出されたものを加えて，生きがい感とみなされるかどうかの調査をおこなっている。

　しかし，生きがいが感じられるときの状況を自由記述式で求め，概念を選定する方法も考えられる。過去このような調査のおこなわれた研究では，藤田他（1985）によるものがある。それは「どのような時に生きがいを感じますか」という調査が都市部の高齢者を対象になされたものである。その結果は「家族と一緒に円満に過ごしている時」，「子や孫の成長をみる時」，「1日を無事に過ごした時」などが上位であったと報告されている。しかし，回答の9項目は調査者によって初めから設定されており，その中から選択回答する形式のため，自由記述式調査とはいえないことになる。また同様に，高齢者を対象に「どんな時生きがいを感じますか」をたずねた吉田他（1988）による調査研究がある。

　その結果は「趣味を楽しんでいる時」，「仕事をしている時」，「子供や孫と過ごす時」，「友人と話している時」などの順位であった。しかし，この調査研究も藤田他（1985）の研究と同様，回答が最初から設定されたものであり，自由な発想を求めたものではなかったのである。そのため，現在までに高齢者を対象に全くの自由記述でなされた調査はおこな

---

15) 第Ⅲ章のスケール（K-Ⅰ式）と区別するため，K-Ⅱ式とした。なおスケール内容については付録3を参照。

われておらず，ましてやスケール作成につながった研究はなされていない。そこで第Ⅳ章では，第Ⅱ章の研究で用いた方法を使い，概念を調査，整理し，スケールを作成し，あわせてスケールから導き出される高齢者の生きがい感を定義づけることとする。

第2節　方法は

1. 項目の収集と選定をする

　本調査で使用する項目を収集するため，以下の方法をとった。まず第1次予備調査を1996年7月〜8月に60才以上の在宅高齢者65名（男性32名，女性33名，平均年齢67.6歳 $SD = 3.45$）を対象に郵送法により，「あなたはどのような時，生きがいを感じますか，または感じましたか」という質問に対する自由記述による回答を求めた。回答からは，生きがいを感じる時の状況が47通り寄せられた。ただし，ここであらわされた各人の生きがい感は，かたよったものなのか，一般に適用できるものなのか，その確認がつぎに必要となる。そこで第2次予備調査のために自由記述による回答の文章をそのまま「〜の時この気持は生きがい感になるか？」という設問形式に置き換え1996年9月〜12月に郵送法で調査をおこなった。回答は，はい，どちらでもない，いいえ の1つを選択するものであったため，1，0，−1と配点し，0以上の項目を採用することとした。調査の結果，60歳以上の高齢者120名（男性57名，女性63名，平均年齢68.1歳 $SD = 4.15$）からは47通りのうち44項目が一般的生きがい感になると判断され，残り3項目は除外された。除外された項目には「涼しい風が通り抜けた時」「夕食時にビールを飲む時」があったが，この2項目は生理的快感に近いと考えられたようであり，「好きなペットを世話している時」はペットを飼っていない人には無縁だと考えられたせいと思われる。そして上記の結果をもとにして可能な限り原文に忠実に44の生きがい感スケール項目が作成された。

2. 本調査をおこなう

　前述の2回にわたる予備調査を経て作成された44項目からなるスケールの本調査を実施した。1997年10月中旬、大阪府下老人福祉センター3ヶ所にて323名（男性156名、女性167名、平均年齢71.8歳 $SD = 8.06$）に対し面接法で44の質問項目を　はい、どちらでもない、いいえ　の3件法でたずねた。またスケールの基準関連妥当性を検証するための基準値として「あなたは生きがい感をどの程度感じていますか」というセ・スケールの回答（0〜10段）を同時にたずねた。さらに再検査法による信頼性の検証をおこなうため、前述のセンター高齢者323名のうち、82名に対して2ヶ月の間隔を経て面接法により2度目を実施した。得点は3件法のため回答は2、1、0と配点した。

第3節　結果と考察をみてみよう

1. 項目分析をおこなう
1）得点通過率をみる
　第Ⅲ章K-Ⅰ式の得点通過率と同様、3件法のため、85％以上、15％以下の項目をかたよりのある項目として除外することとした。結果は85％以上の項目がなかったため、15％以下の12項目を弁別性の悪い項目として減らし32項目とした。
2）因子分析をする
　32項目の下位項目をもつこのスケールは生きがい感という1つの変量を測定するために作成されたものとみなされるので、各因子が相関をもつ斜交解による分析をおこなうこととした。主因子法の固有値が1以上の因子を選択したところ固有値のスクリーが第4因子から始まっており、またオブリミン回転をおこなったところ、3因子が適切であるため因子数を3とする。ただ共通性が0.2以下の項目が5項目あり尺度構成には不適切と考えられるため、これを減らし、27項目で改めて因子分析をおこなった。それによると因子負荷量が0.3を切る項目もなく、3因

第Ⅳ章　高齢者向け生きがい感スケール（K-Ⅱ式）を作る，そして定義とは？

表Ⅳ-1　27項目生きがい感尺度の因子分析結果（オブリミン回転）

項目番号	項目内容	第1因子	第2因子	第3因子	共通性
「社会的適応感と満足」因子					
29	こちらの話をよくわかってくれたと思えることがあります	.76	.16	.05	.44
35	自分の親切や真心が相手に伝わったと思えることがよくあります	.67	.06	.07	.44
31	自分の意見が通ったと思うことがよくあります	.65	.04	.07	.27
33	何か良いことをしたと思えることがよくあります	.48	.09	.06	.32
6	年配であるがゆえに教えてあげられることがよくあります	.44	-.19	.05	.31
30	私は周囲から認められ評価されています	.44	.10	.10	.30
2	若い人と楽しい会話をよくします	.43	.10	.02	.26
18	自分の努力による成果があらわれたと思えることがよくあります	.42	-.27	.11	.46
11	精一杯活動したと思える日がよくあります	.42	-.19	.07	.34
34	おいしい料理によく出会います	.38	.06	.22	.30
「意欲と達成」因子					
39	まだまだ意欲があります	-.14	.78	.04	.49
42	私は家族や人のために役立っていると思います	.10	.74	.16	.56
8	将来に夢と希望を持っています	.02	.64	.04	.45

第3節　結果と考察をみてみよう

25	目的を持って取組んでいるものがあります	.06	.55	.05	.37
32	どうしても生きねばならないと思うことがあります	.04	.52	−.11	.27
43	私には夢中になれるものがあります	.03	.50	.03	.28
7	自分にしかできないと思えることをする時があります	.09	.44	.03	.26
44	家族や人から頼られていると感じています	.09	.42	.19	.33
12	この世で自分の存在したあとを残すことができたと思っています	.09	.34	.23	.29
24	社会にこうけんしたと思えることがあります	.29	.34	.08	.29
28	新しい知識を得たり、技術を学んだと思うことがよくあります	.33	.34	−.16	.30
9	自分の作品がほめられることがよくあります	.22	.30	.11	.26

「やすらぎ」因子

13	生活は安定していると思います	−.10	.07	.71	.44
3	私は心身ともにゆとりを持っています	.14	.01	.56	.39
41	私の毎日は充実しています	.16	.08	.55	.45
4	孫や子どもの成長をよく見聞きします	.05	−.13	.38	.22
23	私は家族や人から感謝されることがよくあります	.31	−.15	.33	.39

| | 寄与率 (%) | 27.51 | 4.63 | 3.62 | |
| | 累積寄与率 (%) | 27.51 | 32.14 | 35.76 | |

子の場合が表Ⅳ-1のように，もっとも各因子の特徴を説明できるため，同様に3因子とした。第1因子は「自分の親切や真心が相手に伝わったと思えることがよくあります」，「私は周囲から認められ評価されています」，「おいしい料理によく出会います」などから「社会的適応感と満足」と名づけ，第2因子は「まだまだ意欲があります」，「この世で自分の存在したあとを残すことができたと思っています」，などから「意欲と達成」，第3因子は「生活は安定していると思います」，「私は心身ともにゆとりをもっています」などから「やすらぎ」因子と名づけられた。上記の3因子で全体の35.7％が説明可能であることが判明した。

なお，それら3つの因子間の相関係数を表Ⅳ-2に示したが，第1の「社会的適応感と満足」因子は第3の「やすらぎ」因子とやや高い正の相関が認められた。これはさまざまな場面における円滑な人間関係と満足感はゆとりをもったやすらぎに通じることを示している。それに対し「やすらぎ」因子と「意欲と達成」因子が低い相関値を示したのは，ふだん目的意識をもって取り組む姿勢が，やすらいだ気分とは離れていることを示しているものと考えられる。

表Ⅳ-2　高齢者の生きがい感スケールの因子間相関

	社会的適応感と満足	意欲と達成	やすらぎ
社会的適応感と満足	1.00		
意欲と達成	.40	1.00	
やすらぎ	.59	.13	1.00

3）項目得点と項目合計得点との相関をみる

各項目とも0.3～0.7の相関値を示しており，この27項目によるスケールが生きがい感という概念を測る尺度として内的一貫性を示しているといえよう。

4）因子得点と項目合計得点との相関をみる

　3因子による項目の平均点と27項目合計得点との積率相関値を比較し，生きがい感への関連を調べてみる。

　結果は表Ⅳ-3のごとく「意欲と達成」因子，「社会的適応感と満足」因子，「やすらぎ」因子の順位で関連をもつことがわかった。

表Ⅳ-3　因子項目平均得点と項目合計得点との相関

因　子	積率相関値
第2因子（意欲と達成）	**.90**
第1因子（社会的適応と満足）	**.89**
第3因子（やすらぎ）	**.70**

2. スケール信頼性の検討をおこなう

1）再検査法による信頼性の検討をおこなう

　前述のセンター高齢者のうち82名（男性37名，女性45名）に対して2ヶ月の間隔をあけて2度同じ調査が実施された。その2回の調査結果にもとづいて再検査法による信頼性係数を算出したところ0.91という高い値が得られた。

2）内的整合性による信頼性の検討をおこなう

　Cronbachのα係数を算出してみたところ，0.90という高い値を得た。このことは，スケールが十分一貫性の高い項目で構成されているものといえよう。

3. スケール妥当性の検討をおこなう

1）基準関連妥当性の検討をおこなう

　スケール妥当性の検討には，第Ⅱ章，第Ⅲ章の研究と同様にCantril(1965)が作成したセ・スケール得点を基準値にすることとした。その積率相関値は0.79と高い相関値を示した。この結果，27項目スケールの

累計が生きがい感の程度をあらわすことが検証されたといえる。そしてこの検証によって生きがい感の高い人は27項目の累計点が大きいため、生きがい感の各因子のバラエティに富んだ人である可能性が高いといえよう。

2）概念的妥当性の検討をおこなう

概念的妥当性とは，高齢者の生きがい感という概念が，そのスケールによってどの程度測定されているかを示すものだといわれるが，このような概念を多くもつ人々との集団差を明らかにすることによって示すことにした。そこで第Ⅲ章第3節3-2）と同様に老人大学受講生を本調査によるセンター高齢者の対照群に選んだ。

1998年1月中旬，大阪府下老人大学受講生223名（男性102名，女性121名 平均年齢67.9歳 $SD = 3.79$）に対し面接法により調査を実施した。その結果を表Ⅳ-4に示す。

表Ⅳ-4　両群の27項目得点

群	N	平均年齢	平均得点	SD
センター高齢者	323	71.8	33.9	12.0
老人大学受講生	223	67.9	42.8	7.3

注）3件法のため最高点は54点となる。

表Ⅳ-4に見られるように，老人大学受講生の生きがい感得点がセンター高齢者よりも大きいことがわかる。そこでセンター高齢者群と老人大学受講生群の得点差を検証するために，群，性，年齢の3要因分散分析をおこなった。老人大学受講生群に80歳以上の高齢者がいなかったため，年齢は60代と70代の2群のみで分散分析をおこなった。その結果を表Ⅳ-5に示す。

表Ⅳ-5に示す通り，群間（センター高齢者と老人大学受講生群）に $p < 0.0001$ で主効果があり，性には $p < .05$ で主効果がみられ，交互作

表Ⅳ-5 27項目得点の群・年代・性，3要因分散分析結果

	効　果		誤　差			
	df	MS	df	MS	F	p
群	1	7894.14	481	99.87	79.04	0.000
年代	1	3.24	481	99.87	0.03	0.8572
性	1	656.17	481	99.87	6.57	0.0107
群×年代	1	0.45	481	99.87	0.00	0.9464
群×性	1	0.00	481	99.87	0.00	0.9964
年代×性	1	71.25	481	99.87	0.71	0.3987
群×年代×性	1	35.48	481	99.87	0.36	0.5514

表Ⅳ-6 群・年代・性の交互作用の多重比較結果

群	センター高齢者				老人大学受講生			
	60代女	60代男	70代女	70代男	60代女	60代男	70代女	70代男
センター高齢者								
60代女								
60代男	NS							
70代女	NS	NS						
70代男	NS	NS	NS					
老人大学受講生								
60代女	$p<.0001$	$p<.0001$	$p<.0001$	$p<.0001$				
60代男	$p<.0001$	$p<.0001$	$p<.0005$	$p<.0001$	NS			
70代女	$p<.0001$	$p<.0001$	$p<.0005$	$p<.0001$	NS	NS		
70代男	$p<.005$	$p<.0005$	$p<.01$	$p<.0001$	NS	NS	NS	

用は見られなかった。さらに多重比較をしたところ，表Ⅳ-6に示される通り，老人大学受講生群は年代，性のいずれのグループで比べてもセンター高齢者群よりは得点が有意に高かった。

第Ⅳ章　高齢者向け生きがい感スケール（K-Ⅱ式）を作る，そして定義とは？

表Ⅳ-7　群・年代・性別27項目得点

群	年代・性	N	平均	SD
センター高齢者	60代女	74	35.2	11.7
	60代男	63	32.9	12.4
	70代女	63	35.6	11.5
	70代男	66	32.8	11.6
	80代女	30	34.7	11.3
	80代男	27	30.3	14.9
老人大学受講生	60代女	97	43.3	7.0
	60代男	65	42.2	7.5
	70代女	24	45.0	6.8
	70代男	37	41.0	7.8

　また同じ群内ではどの年代間にも有意な性差は見られず，性による主効果は女性群全体と男性群全体の差としてあらわれたことがわかった。各年代の人数および平均得点を表Ⅳ-7で示す。このことから老人大学受講生群は明らかに得点が高く，これによって，この27項目スケールが生きがい感をあらわすスケールであることの1つの検証が得られたといえよう。

　以上の結果からいえることは，センター高齢者を対象としたこの27項目のスケールは，生きがい感という概念を自由記述でたずねる手法を使用しており，K-Ⅰ式と同様に内容的，概念的妥当性が高く，基準関連妥当性も高い，さらに信頼性も高いスケールであるといえよう。

　最後に3因子の項目平均点と項目合計得点との相関値を考慮に入れ，このスケールの構造にもとづいた生きがい感の操作的定義をおこなう。

4. 高齢者の生きがい感とは

　残りの人生において目的達成に積極的であるが，他者とよい関係をつ

くり，同時にゆとりをもって生活を楽しむことも大切と考える意識であるといえよう。

第4節　第Ⅳ章の要約

　豊かな老後の精神生活で常に問題となるのは生きがい感である。しかし，わが国でおこなわれた実証的研究はほとんどなく，また生きがい感調査にもとづくスケールも存在していない。したがって本研究の目的は高齢者に対する自由記述式の調査にもとづいてスケールを作成することであり，そのスケールの構造から導き出された操作的定義をおこなうことであった。そこでまず自由記述によって65名の高齢者から47通りの生きがい感が集められ，ついで120名の高齢者を対象に確認調査がおこなわれ，44通りに整理された。さらに323名の高齢者に対し本調査がおこなわれた。因子分析を含む項目分析の結果，27項目からなるスケールが提示された。このスケールは信頼性も高く妥当性も高いことが示された。このことから高齢者の生きがい感とは，残りの人生において目的達成に積極的であるが，他者とよい関係をつくり，同時にゆとりをもって生活を楽しむことも大切と考える意識であるといえよう。

第Ⅳ章の関連論文；近藤　勉・鎌田次郎　2002　高齢者向け生きがい感スケール
　　（K-Ⅱ式）の作成および生きがい感の定義　介護福祉研究，10（1），11-16.

備考1）因子名について
　K-Ⅰ式スケール作成時，概念調査の結果，「安らぎ感」は入らない結果となっていた。しかし，K-Ⅱ式スケールでの第3因子はやすらぎと命名している，もちろん，スケール作成方法の違いにも影響された結果であるが，K-Ⅰ式スケールとの矛盾ととられかねない。しかし，矛盾

があるというよりも，再度検討してみると，そもそもやすらぎという名称はふさわしくなく，「安定」または「ゆとり」などが適切であったのではないかと考えられる。

備考2）K−Ⅰ式とK−Ⅱ式の操作的定義の違いについて

　これまで高齢者の生きがい感スケールから導き出された操作的定義をみてきたが，K−Ⅰ式とK−Ⅱ式から導き出された定義とでは微妙な違いがある。これはどうしてだろうか。それはスケール作成の方法に違いのあった結果である。K−Ⅰ式は文献から生きがい感に関連すると思えるものを可能な限り集めて（心理学研究法ではスケール作成の常道である），概念調査をおこない，選別された概念をもとに設問項目を作成している。つまり出発点は，生きがい感についての識者，研究者たちの理論，主張である。それに対し，自由記述式では，市井の人たちから設問項目にあたる内容を集め，出発点としている。

　こうした違いがあるため，どちらの操作的定義を妥当とするかは，スケールを使用する人の判断に委せてよいと考えられる。なお，スケールについては筆者の私見ではあるが，高齢者の場合，調査者から問われた複数項目について思案し回答するさい，短時間の方が疲労が少なくすむ（正確な回答が期待できるのは15〜20分である）ため，K−Ⅰ式のスケールの方がよいのではないかと考えている。

第Ⅴ章　高齢者の生きがい感測定におけるセルフ・アンカリングスケールの有効性をたしかめよう

第1節　はじめに

　第Ⅱ章～第Ⅳ章の研究において，それぞれの生きがい感スケールが作成されてきたが，妥当性の検討には，もっぱらセ・スケールの値を使用してきている。その理由は第Ⅱ章第4節4．で述べているが，もともとこのセ・スケールは別名ラダー（ハシゴ）尺度（Ladder Scale）ともいわれており，Cantril（1965）によって作成され，発表されたものである。これは図Ⅴ-1のように11段のハシゴ状の図形を呈示し，「あなたの best life を10とし，worst life を0とするなら現在のあなたは何段目くらいだと思いますか」という問いかけに回答する様式の調査である。被調査者は自らの心の内を洞察し，直感的にその程度を回答することができる，きわめて単純で簡明なスケールであるといえる。わが国では Cantril（1965）が著書として発表する以前に，坂元（1963）によって紹介され，

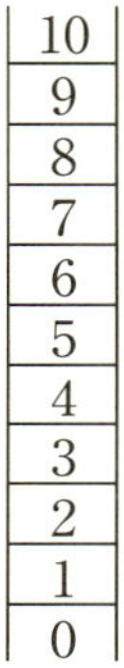

図Ⅴ-1　セルフ・アンカリング・ストライビングスケール

翌年菊池（1964）によって地域調査で使用されたのが最初である。また，島田と菊池（1969）によってあらためてその方法が紹介されているが，その経緯については菊池と佐藤（1998）により述べられている。

　第二次大戦後今日まで，心理調査法は目覚ましい進歩と発展を遂げたが，このセ・スケールは意外にもほとんど使用されず，ここ10年の間をみても使用例はごく少数を数えるのみである。そしてつねにあらたにつくられ使用されるのは，複数の項目によって構成されるスケールであり，その調査結果の統計処理技法が格段に進歩してきたといえる。それでは，なぜ一言の回答でこと足りるこのセ・スケールがなおざりにされ，回答にかなりの労力と時間を要する複数の項目をもつスケールが望まれてきたのであろうか。それはセ・スケールが一言の問いかけでその主観の程度が瞬時に測られるということのゆえであろうと思われる。つまり，あまりの主観性ゆえに客観的心理学を標榜する心理学の世界には受け入れられなかったと考えられる。それは，たとえば前田ら（1979）によって，主観的幸福感が測られるさい，このセ・スケールはあまりにも単純，主観的であり，採用するに足りないと述べられていることからもわかる。

　しかし，それでは多項目のスケールは客観的であり，主観的ではないのであろうか。たしかに多項目スケールは，その構成概念が調査に基づき項目分析を経て吟味された項目から成立しているために，その構成概念の一般性はある程度保証されている。しかし，そこで求めているものは，たとえば生きがい感のようにその感情の程度であろう。その感情の程度は項目得点の累計で決められているのであり，その個々の質問の返答はいうまでもなく主観である。そうであるならば，累計点とは主観の累計ということになり，同じ主観の程度を測るのなら多項目よりも単一項目のほうが簡便でよいという見方もできる。そのように考えると，セ・スケールはbest lifeだけでなく多くの感情，たとえば生きがい感や幸福感，満足感，孤独感，不安感，自尊感情などの程度を測ることも可能となるのではないだろうか。その場合は，質問内容のbest lifeをそれ

第1節　はじめに

らの言葉に置き換えればよいことになる。

　ところがこのセ・スケールは多項目をもつスケールに比べて2つの短所を有するといえる。それは測りたい感情を構成する中身を知りえないということである。これはこの尺度が本来的にもつ特徴であるが、さらにもうひとつの短所としては、たとえば「あなたの生きがい感の程度を聞かせてください」という場合、生きがい感の解釈を被調査者に任せてしまうため、調査者の解釈とずれが生じる場合があることである。そこでこのずれをなくすために、その構成概念が調査や因子分析によって明らかになっている場合は、セ・スケール調査のさいに調査者がその構成概念を説明することによって補えばよいことになる。たとえば、高齢者の生きがい感の調査のさいに、筆者は教示として「なにごとにも目的をもって意欲的であり、人の役に立つ存在であり、責任感をもって生きていく張り合い意識である。またなにかを達成した、向上したと思えるとき、恵まれていると感じられるときにももてる意識」としている。これは第Ⅲ章第2節1.3）で述べたごとく筆者らによる生きがい感の概念調査の結果得られた定義であった。したがって、測りたい構成概念を保持している程度を簡明に知りたければ、セ・スケールで十分であり、中身まで知りたいということであるならば多項目スケールを作成、使用すればよいといえる。

　また、多項目スケールを作成する場合、当然、妥当性の検討が必要となるが、併存的妥当性の検討の基準値として、このセ・スケールの値を使用することが適切ではないかと考えられる。併存的妥当性[16]を検討するための基準値は、通常、同時期に得られるスケール得点とするようアメリカ心理学会より出された「心理検査・診断検査に対する専門的勧告」（1963）に記されており、またアメリカ教育学会・心理学会・全米教育

---

16) **併存的妥当性**；すでにその概念を測る尺度として存在しているスケールとの相関を求め、高い相関係数が得られるならば、併存的妥当性が得られたという。基準関連妥当性と同義的なものと考えられる。

測定協議会が作成した「教育・心理検査法のスタンダード」(1985) においても同様に記されている。この場合の併存的妥当性は，短縮版スケールを作成するさいのことを想定していると考えられるが，このとき，原版のスケールの値を基準値とすることには合理性がある。しかし，原版のスケールそのものははじめてつくられるスケールであるため基準値は存在しない。このことがはじめてスケールをつくる研究者にとっての悩みとなり，やむをえず他の近似概念を測るスケールの値を基準値にしたり（たとえば生きがい感スケールの基準値に充実感スケールの値を基準値とする），第三者の目からみた観察記録の値を基準値にしたりする。しかし，近似概念との比較では，いかに相関値が高かろうとも，問題としている構成概念そのものではないため，妥当性の検討としては適切さに欠けるといえる。さらに，第三者からみた観察記録の値は，主観的累計点の数値の検証に客観的数値を照合させることになり合理性に欠ける。このように考えると多項目によって主観の程度が測られているかどうかを吟味するには，1項目で主観の程度を表すセ・スケールの値と比較するのが理にかなっているといえよう。これが第Ⅱ章〜第Ⅳ章の研究においてセ・スケールの値を基準値としてきた理由である。

第2節　目的は

　多項目スケールの妥当性の基準値としてセ・スケールを使用する場合，また心理測定を行うさいにセ・スケールのみを使用する場合，肝要な点がある。それは可能なかぎり信頼性と妥当性の検討をおこなっておくことである。スケールを標準化するために信頼性と妥当性の検討をおこなうべきことは，アメリカ心理学会で尺度の作成基準が設定されていらい，多くの専門書によって指摘されている。セ・スケールは測りたい構成概念を保持している程度を一言でもって表しているため，あらためて信頼性や妥当性の検討を不要とする考え方もあろうし，作成者のCantril自身もこれをおこなってはいない。しかし，セ・スケールをより

有効な尺度たらしめるためには，可能なかぎり検討はおこなっておくべきであろう。もちろん，スケールの性格上，多項目スケールのように項目の整合性を示す α 係数を求めることや，因子的妥当性を検討することはできない。考えうる可能な方法は，信頼性の検討では再検査法であり，妥当性では概念的妥当性の検討であろう。Carpenter（1996）は自尊心のセ・スケールについて，再検査による信頼性の検討をおこなった結果，0.92 の高い相関係数を得ており，さらに妥当性についても高い妥当性が示されたと報告している。Carpenter は，この研究は Cantril のセ・スケールの手法を自尊心に応用したものであると述べている。

しかし，自尊心を測るセ・スケールとして有効であるとしても，他の感情にも有効であるかどうかはわからない。そこで高齢者の生きがい感を測るセ・スケールについて，再検査による信頼性と概念的妥当性の検討をおこない，この尺度の有効性を探ることとする。本研究では在宅高齢者である福祉センターに通う高齢者を対象に本調査をおこない，さらに再検査による信頼性の検討をおこなった。概念的妥当性の検討の方法としては，第Ⅲ章，第Ⅳ章の研究と同様に老人大学受講生との集団差を明らかにする方法を用いた。これは先述の「教育・心理検査法のスタンダード」では差異予測として述べられている。

第3節　方法は

1999 年 7 月上旬に大阪府下老人福祉センター 3 か所に通う高齢者 306 人（男性 60 歳代 75 人，70 歳代 70 人，女性 60 歳代 74 人，70 歳代 87 人，全体平均年齢 69.79 歳，$SD = 5.19$）に対し，個別面接で図Ⅴ-1 のようなハシゴを呈示し，先述の生きがい感の定義を教示としておこない，その後「生きがい感いっぱいを 10 とし，まったくない状態を 0 とするなら，あなたはいまどのくらいだと思いますか」とたずねて回答を求めた（回答をそれぞれの段階点とした）。つぎに，福祉センター高齢者のうちランダムに選び出された 101 人（男性 50 人，女性 51 人，平均年齢 70.5

歳，$SD = 5.04$）に対して2ヶ月後に同じ調査をおこなった。さらに1999年11月上旬に大阪府下老人大学受講生133人（男性60歳代27人，70歳代31人，女性60歳代32人，70歳代43人，全体平均年齢69.80歳，$SD = 4.16$）に対し，セ・スケールを同様の方法で実施した。ただし，上記の調査対象者の数は，福祉センター群には80歳以上が，老人大学受講生群の女性では60歳代前半が，元の調査対象者のなかに多数含まれていたため，両群とも80歳以上を，老人大学受講女性群は65歳未満のデータを除き，両群の性，年代構成比を調整したものである。

第4節　結果と考察をみてみよう

1. 再検査法による結果は

　2回に分けておこなわれたセ・スケールの再検査法による信頼性係数は0.81という高い値であった。これにより，生きがい感セ・スケールに高い信頼性のあることが確かめられたといえる。

2. 福祉センター高齢者と老人大学受講生との比較による結果は

　セ・スケールの平均点は，福祉センター高齢者が6.02点（$SD = 2.70$，最高点は10点）であったのに対して，老人大学受講生は7.71点（$SD = 1.65$）であった。セ・スケール得点について，群（福祉センター群対老人大学受講生群），性，年齢の3要因分散分析の結果を表V-1に，また2群の性・年代別の得点を表V-2に示す。

　表V-1により主効果が群間で有意に認められ，交互作用において有意な関係は認められなかった。

　上記の結果から両群の間には明らかな差が存在することになり，高齢者の生きがい感セ・スケールに概念的妥当性のひとつの検証が示されたといえよう。このことからこのセ・スケールは，単独のスケールとして，また同時に，その値は生きがい感の多項目尺度を開発するさいの基準値としても有効であるといえよう。とくに高齢者の場合，注意力の持続が

第4節　結果と考察をみてみよう

表Ⅴ-1　セ・スケール得点における群・性・年齢の3要因分散分析結果

	df	MS	F	p値
群	1	247.30	42.09	0.000
性	1	13.78	2.35	0.126
年齢	1	11.22	1.91	0.168
群×性	1	0.99	0.17	0.682
群×年齢	1	19.09	3.25	0.072
性×年齢	1	1.12	0.19	0.663
群×性×年齢	1	1.67	0.28	0.594
誤差	431	5.87		

注）群；福祉センター高齢者群と老人大学受講生群，年齢；60歳代と70歳代。

表Ⅴ-2　2群の性・年代別構成とセ・スケール平均得点およびSD

		福祉センター群		老人大学受講生群	
		男性	女性	男性	女性
70歳代	N	70	87	31	43
	平均得点	5.47	5.78	7.61	7.86
	SD	2.90	2.67	1.96	1.42
60歳代	N	75	74	27	32
	平均得点	6.31	6.57	7.26	8.00
	SD	2.52	2.68	1.46	1.72

困難なため質問項目を減らす工夫が必要となるが，そのためにも手軽に測れる単一項目のこのスケールは大いに活用されるべきではないだろうか。なお，多項目スケールの併存的妥当性を検証する場合，多項目スケールの再検査調査や概念的妥当性の調査のさいに，同時にセ・スケールの調査をおこない，両者の関係を検討するならば，手順が簡略化されて

よいであろう。この方法によって，そのセ・スケールに高い再検査信頼性や概念的妥当性が示されるならば，このスケールの値が併存的妥当性の基準値として有効であることの根拠を明確にすることができる。反対にそれが示されなければ，そのセ・スケールの値を基準値とすることは適切でないことになる。この方法は高齢者の生きがい感のみならず，他の感情の程度を測る多項目スケール作成のさいにも援用の可能性があるといえよう。

なお，生きがい感セ・スケールは付録4を参照。

第5節　第Ⅴ章の要約

Cantril（1965）が考案したセ・スケールは，ハシゴ状の図形を呈示し，ベストライフの程度を直感的に回答できる簡明なテストであるが，今日まであまり使用されてきていない。Carpenter（1996）は自尊心を測るスケールとして応用し，このスケールが有効であることを示している。そこで本章では高齢者の生きがい感を測るスケールとしても，多項目尺度作成のさいの基準値としても，有効であるかどうかをみるために信頼性と妥当性の検討をおこなうことを目的とした，福祉センターに通う高齢者306人を対象として調査をおこなったのち，2か月後101人に対し，再検査をおこなった。その結果，高い信頼性推定値が得られた。さらに概念的妥当性の検討として，生きがい感が高いと考えられる老人大学受講生133人に調査をおこない比較したところ，受講生のほうが高いという結果が得られた。このことから，このスケールは単独のスケールとしても，また併存的妥当性の基準値としても有効であると考えられた。

第Ⅴ章の関連論文；近藤　勉　2003　高齢者の生きがい感測定におけるセルフ・アンカリングスケールの有効性，老年精神医学雑誌，**14**（3），339-344.

第Ⅵ章 高齢者の生きがい感に影響する性別と年代からみた要因とは？
－都市の老人福祉センター高齢者を対象として－

第1節 問題提起と目的は

　21世紀の高齢社会を迎えて，高齢者の生きがいにはさらに大きな関心が寄せられているが，それでは生きがい感にはどのような要因が影響しているのであろうか，それは生きがいある老後を送るためにぜひとも知っておく必要のあることといえよう。ただし，この問題を究明するためには，まず生きがい感の定義が明確になっており，同時に生きがい感を測るスケールが作成されていなければならない。これまで生きがい感についての論議がさまざまにおこなわれ，生きがい感を測っているとされる尺度もいくつかみられ，定義もなされてきたが，いずれも第Ⅰ章第2節5．で論議された通り，恣意的であり，そこで作られたスケールは客観性に乏しいと考えられた。そのことを考えると第Ⅲ章で述べたごとく，多くの文献の中から高齢者の生きがい感の構成概念と思われるものを選び出し，その中から調査によって生きがい感の構成概念を決定し，しかるのち，それに相応する質問項目からスケールを作成，本調査をおこない，項目分析の後，スケールの因子構造からなされた操作的定義は説得力をもつといえる。本研究では，高齢者の生きがい感の規定要因を探るにあたり，第Ⅲ章で作成されたK-Ⅰ式生きがい感スケール（表Ⅵ-1）を使用することとした。過去PGCモラール・スケールを規定する要因の研究は，浅野他（1981），藤田他（1989），井戸他（1997），古谷野他（1995），前田他（1979），前田他（1988a），前田（1988b），前田他（1989），谷口他（1980），谷口他（1984），谷口他（1982）によってなさ

表Ⅵ-1　高齢者向け生きがい感スケール（K-1）項目内容

1. 私には家庭の内または外で役割がある
2. 毎日を何となく惰性（だせい）で過ごしている
3. 私には心のよりどころ，励みとするものがある
4. なにもかもむなしいと思うことがある
5. 私にはまだやりたいことがある
6. 自分が向上したと思えることがある
7. 私がいなければ駄目だと思うことがある
8. 今の生活に張りあいを感じている
9. 何のために生きているのかわからないと思うことがある
10. 私は世の中や家族のためになることをしていると思う
11. 世の中がどうなっていくのか，もっと見ていきたいと思う
12. 今日はなにをして過ごそうかと困ることがある
13. まだ死ぬわけにはいかないと思っている
14. 他人から認められ評価されたと思えることがある
15. なにかなしとげたと思えることがある
16. 私は家族や他人から期待され頼りにされている

注）上記の質問に対し，はい（2点），どちらでもない（1点），いいえ（0点）で回答を求め，合計点を生きがい感得点とする。ただし，2，4，9，12番は逆転項目となるため，配点が逆となる。
「自己実現と意欲」因子項目番号　1, 3, 5, 6, 14, 15
「生活充実感」因子項目番号　2, 4, 8, 9, 12
「生きる意欲」因子項目番号　11, 13
「存在感」因子項目番号　7, 10, 16

れ，PGMスケールと要因との研究は杉山他（1985），杉山他（1986），杉山他（1990），藺牟田（1993），山本他（1989）によってなされている。また河合（1982）はPILスケールと要因との研究をおこなっている。さらに村井（1979），長谷川他（2003），長谷川他（2005），中西他（1997），多田（1989），山下他（2001），吉田他（1988）などによる諸要因との関連を調べた研究もおこなわれている。

　しかし，基本となるもともとのスケールが生きがい感を測っているという検証がなされていないため，生きがい感と要因についての研究はなされてこなかったといえる。また海外でも満足感や主観的幸福感の要因研究はLiang（1982）やLarson（1978）によってなされているが，生

きがい感という概念そのものへの関心が少ないこともあって，この研究はおこなわれてこなかった。

　そのため，この生きがい感を左右する要因の研究は，ようやく研究の緒についたばかりといえる。本研究では，生きがい感にはどのような要因が影響するのか，しかもそれは性別や年代によってどのように違うのか，さらに要因の重みについても検討をおこなうこととする。

第2節　方法は

　1999年7月上旬，大阪府下都市部に位置する老人福祉センター3ヶ所にて391人（男性190人，女性201人），平均年齢72.96歳（$SD = 7.77$）に対し，個別面接で15項目の背景要因についてたずね，同時に高齢者向け生きがい感スケール16項目の回答を求めた。

　要因には年齢，学歴，同居者数，同居家族形態，居住歴，住居満足感，健康感，経済的満足感，信心，友人，仕事の有無，活動量，活動への熱意，生きがい対象数，性格（外向性）をとりあげた。回答選択肢の区分は表Ⅵ-2～13に示される通りである。〈学歴〉については最終学歴を4つに分け，学歴程度として順に1から4までの数値を与えた（表Ⅵ-2）。〈同居家族形態〉について得られた回答（表Ⅵ-3）をもとに，〈同居者数〉と〈配偶者の有無〉について区分し集計をおこなった。〈住居満足感〉としているものは実際には「住まい」という語でたずねた（表Ⅵ-5）。〈健康感〉では，「まず健康なほうだと思う」という表現が含まれる（表Ⅵ-6）。いかに健康とはいえ，高齢者の場合，完全な健康を自負する者が限られると考えられることから，「まず」という表現をいれた。また，〈経済的満足感〉でも，同様の表現でおこなった（表Ⅵ-7）。これも，「満足」だけの表現ではきわめて通過率が低くなる可能性が考えられるためである。〈友人の有無〉については，とくに「気楽に話せる」友人の有無をたずねた（表Ⅵ-9）。〈仕事の有無〉とは就労の有無でパートタイム程度の場合も「あり」とみなした（表Ⅵ-10）。〈活動量〉では，活

動の中身を分けてそれに費やす時間を量的にたずねるという方法もあるが，老年期の特徴として正確な想起がむずかしいと思われるため，内容を問わずに単に日常の活動程度を問うた（表Ⅵ–11）。日々忙しく活動していても，付き合いから仕方なくしている活動もあろう，したがって〈活動熱意〉は，表Ⅵ–12の区分で評定させた。〈生きがい対象数〉については，回答者にこれを思いつくだけ列挙させ，その数を合計した（表Ⅵ–13）。〈外向性〉では柳井ら（1987）の作成したCUPI性格テスト120項目のうち，下位尺度である社会的外向性尺度10項目を取り出し，3件法にてその程度を調べた。また生きがい感スケールの測定では，このスケールの名称を示さずに項目内容のみで質問をおこなった。

第3節　結果をみてみよう

1. 回答結果の基本統計量とその性による違いは

　生きがい感要因として検討した背景属性について，調査対象者における回答の基本統計量を性別に表Ⅵ–2～14に示す。
　このうち性による違いがみられたのは，学歴，同居者数，同居家族，信心であり，**学歴では男性が高く，同居者数では男性が多く，女性は少ない**。同居家族では男性に妻との同居が多く，女性は一人暮らしが多い。また，男性のほうが信心は少ない結果となった。

2. 生きがい感得点と年齢との相関をみる

　男女別に，年齢と生きがい感得点の単純相関を調べたところ，男女とも負の相関が示された（男性：$n = 190$, $r = -.208$, $p < .01$，女性：$n = 201$, $r = -.176$, $p < .05$）。このことは，**生きがい感が高齢になるほど低下していくこと**を示す。年齢とともに体力が衰え気力も低下すると考えれば納得のいく結果といえる。しかし，年齢が高くなるほど，同居者数，配偶者の有無，仕事の有無など，当然影響を受ける変数が考えられる。

第3節 結果をみてみよう

表Ⅵ-2 学歴についての回答者数と比率

	男 性	女 性
小卒・高等小卒	62人（32.6%）	77人（38.3%）
新制中卒	17人（ 8.9%）	22人（10.9%）
旧制中卒・高女卒 新制高卒	67人（35.3%）	89人（44.3%）
旧高専女専卒・大卒	44人（23.2%）	13人（ 6.5%）
計	190人（100%）	201人（100%）

注）性差：$x^2=21.9$, $df=3$, $p<.0001$

表Ⅵ-3 同居家族形態についての回答者数と比率

	男 性	女 性
一人暮らし* 　配偶者と死別か生別	32人（16.8%）	81人（40.3%）
二人暮らし		
夫婦で	87人（45.8%）	44人（21.9%）
子，孫，もしくは親と	8人（ 4.2%）	18人（ 9.0%）
三人暮らし		
配偶者含む	56人（29.5%）	18人（ 9.0%）
配偶者含まず	7人（ 3.7%）	40人（19.9%）
計	190人（100%）	201人（100%）

注）性差：$x^2=81.6$, $df=4$, $p<.0001$
　　＊女性では未婚8名含む

表Ⅵ-4 居住歴についての回答者数と比率

	男 性	女 性
〜5年	32人（16.8%）	40人（19.9%）
5〜20年	29人（15.3%）	41人（20.4%）
20年以上	129人（67.9%）	120人（59.7%）
計	190人（100%）	201人（100%）

注）性差：$x^2=3.0$, $df=2$, NS

表Ⅵ-5 住居満足感についての回答者数と比率

	男性	女性
不満	27人（14.2%）	37人（18.4%）
まず満足	163人（85.8%）	164人（81.6%）
計	190人（100%）	201人（100%）

注）性差：$x^2=2.6$, $df=2$, NS

表Ⅵ-6 健康感についての回答者数と比率

	男性	女性
病気がち	35人（18.4%）	40人（19.9%）
健康なほう	155人（81.6%）	161人（80.1%）
計	190人（100%）	201人（100%）

注）性差：$x^2=0.1$, $df=1$, NS

表Ⅵ-7 経済的満足感についての回答者数と比率

	男性	女性
不満	45人（23.7%）	42人（20.9%）
まず満足	145人（76.3%）	159人（79.1%）
計	190人（100%）	201人（100%）

注）性差：$x^2=0.4$, $df=1$, NS

表Ⅵ-8 信心についての回答者数と比率

	男性	女性
信心ごころがない	76人（40.0%）	42人（20.9%）
お詣り程度	80人（42.1%）	108人（53.7%）
信心深い	34人（17.9%）	51人（25.4%）
計	190人（100%）	201人（100%）

注）性差：$x^2=17.1$, $df=2$, $p<.001$

表Ⅵ-9　友人の有無についての回答者数と比率

	男 性	女 性
いない	27人（14.2%）	21人（10.4%）
いる	163人（85.8%）	180人（89.6%）
計	190人（100%）	201人（100%）

注）性差：$x^2=1.3$, $df=1$, NS

表Ⅵ-10　仕事の有無についての回答者数と比率

	男 性	女 性
していない	169人（88.9%）	182人（90.5%）
している（パートを含む）	21人（11.1%）	19人（9.5%）
計	190人（100%）	201人（100%）

注）性差：$x^2=1.2$, $df=1$, NS

表Ⅵ-11　活動量についての回答者数と比率

	男 性	女 性
少ない	43人（22.6%）	32人（15.9%）
中位	62人（32.6%）	72人（35.8%）
多い	85人（44.7%）	97人（48.3%）
計	190人（100%）	201人（100%）

注）性差：$x^2=2.8$, $df=2$, NS

表Ⅵ-12　活動熱意についての回答者数と比率

	男 性	女 性
仕方なく	15人（7.9%）	12人（6.0%）
ふつう	111人（58.4%）	113人（56.2%）
熱中している	64人（33.7%）	76人（37.8%）
計	190人（100%）	201人（100%）

注）性差：$x^2=1.1$, $df=2$, NS

第Ⅵ章　高齢者の生きがい感に影響する性別と年代からみた要因とは？

表Ⅵ-13　生きがい対象数についての回答者数と比率

対象数	男性	女性
0	64人（33.7%）	58人（28.9%）
1	56人（29.5%）	62人（30.8%）
2	37人（19.5%）	47人（23.4%）
3	18人（ 9.5%）	23人（11.4%）
4	9人（ 4.7%）	7人（ 3.5%）
5	2人（ 1.1%）	2人（ 1.0%）
6	3人（ 1.6%）	0人（ 0.0%）
7	1人（ 0.5%）	2人（ 1.0%）
計	190人（100%）	201人（100%）

注）性差：$x^2=5.7$, $df=7$, NS

表Ⅵ-14　外向性得点の統計量

対象数	男性（$N=190$）	女性（$N=201$）
平均	12.2	12.9
SD	5.1	4.6

注）性差：$t=1.33$, $df=389$, NS

　また，表Ⅵ-2〜14に示された通り，調査した要因にはいくつか性差がみられた。そこで，重回帰分析を性・年代別におこなうことにした。年代については，調査対象者の年齢構成を考慮にいれ，60歳代，70歳代，80歳以上の3年代に分けて，生きがい感を左右する要因の加齢に伴う変化に注目した。

---

17)　**重回帰分析**；ある得点（ここでは生きがい感得点）の高い低いを2つ以上の要因が絡みあって決めていると考えられるとき，それぞれの要因がどの程度その得点を決めているか，その程度を計る分析をいう。

3. 生きがい感に影響をおよぼす要因の重回帰分析[17]をおこなう

　各要因は互いにからみあって生きがい感に影響を与えていると考えられることから，重回帰分析によって要因間の相関を統制することで，各要因が生きがい感にどのような重みで影響をおよぼしているのかを調べた。

　まず，年齢と性別も説明変数に投入して，全年代男女全体で分析（前進ステップワイズ法）をおこなった。その結果，表Ⅵ-15の通りとなった。偏回帰係数の大きい要因から順に示している。生きがい感得点に影

表Ⅵ-15　全年代男女における重回帰分析結果# （N=391）

要因	偏回帰係数
外向性	0.217 ***
生きがい対象数	0.215 ***
配偶者の有無	0.193 ***
友人の有無	0.155 ***
年齢	−0.149 **
経済的満足感	0.124 **
性別	−0.117 **
信心	0.116 **
仕事の有無	0.104 *
健康感	0.097 *
活動量	0.086
活動熱意	0.073
学歴	0.067
重回帰係数	0.663
決定係数	0.439

$*p<.05$, $**p<.01$, $***p<.001$
#前進ステップワイズ法
性別要因含む全要因投入結果

表Ⅵ-16　60歳男性における重回帰分析結果# （N=75）

要因	偏回帰係数
健康感	0.263 **
生きがい対象数	0.229 *
友人の有無	0.212 *
信心	0.205 *
配偶者の有無	0.192 *
外向性	0.189
経済的満足感	0.132
重回帰係数	0.730
決定係数	0.533

$*p<.05$, $**p<.01$, $***p<.001$
#前進ステップワイズ法

第Ⅵ章　高齢者の生きがい感に影響する性別と年代からみた要因とは？

響が強い変数は，順に**外向性得点，生きがい対象数，配偶者の有無，友人の有無**となった。年齢はそれらについで影響のある要因であり，さらに経済的満足感をはさんで，性別に生きがい感との関係があらわれた。つまり**女性のほうが生きがい感は高かった**。居住歴，同居者数，住居満足感の各変数は，分析の結果，説明変数から削除された。

1）男性における年代別結果

年代別に，前進ステップワイズ法で分析した結果を表Ⅵ-16〜18に示す。性以外の全変数を投入した結果である。3年代を通じて生きがい感得点に影響が大きいのは**生きがい対象数**である。**60歳代**では**健康感や友人の有無，信心，配偶者の有無**に関係があり（表Ⅵ-16），**70歳代**では**経済的満足感，活動量，学歴**が関係した（表Ⅵ-17）。そして，**80歳以上**では，**活動熱意と外向性**に強い影響がみられた（表Ⅵ-18）。

表Ⅵ-17　70歳男性における重回帰分析結果# （N=70）

要因	偏回帰係数
経済的満足感	0.285*
生きがい対象数	0.241*
活動量	0.214*
学歴	0.203*
信心	0.174
年齢	-0.172
友人の有無	0.128
仕事の有無	0.124
外向性	0.068
重回帰係数	0.721
決定係数	0.519

*$p<.05$, **$p<.01$, ***$p<.001$
#前進ステップワイズ法

表Ⅵ-18　80歳男性における重回帰分析結果# （N=45）

要因	偏回帰係数
活動熱意	0.304*
外向性	0.324*
生きがい対象数	0.270
経済的満足感	-0.137
重回帰係数	0.602
決定係数	0.362

*$p<.05$, **$p<.01$, ***$p<.001$
#前進ステップワイズ法

2) 女性における年代別結果

結果を表Ⅵ-19～21に示す。60歳代では全11要因で61％と，きわめて高い説明率を示した。60歳代では，配偶者の有無と信心が強い説明変数で，居住歴，外向性，経済的満足感がそれにつぐ結果となった。居

表Ⅵ-19　60歳女性における重回帰分析結果# （N=74）

要因	偏回帰係数
配偶者の有無	0.329***
信心	0.296**
居住歴	-0.213*
外向性	0.210*
経済的満足感	0.193*
仕事の有無	0.158
学歴	0.127
生きがい対象数	0.127
健康感	0.116
友人の有無	0.109
年齢	0.092
重回帰係数	0.778
決定係数	0.605

*$p<.05$, **$p<.01$, ***$p<.001$
#前進ステップワイズ法

表Ⅵ-20　70歳女性における重回帰分析結果# （N=87）

要因	偏回帰係数
生きがい対象数	0.418***
友人の有無	0.215*
年齢	-0.154
外向性	0.150
配偶者の有無	0.123
居住満足感	0.117
重回帰係数	0.653
決定係数	0.427

*$p<.05$, **$p<.01$, ***$p<.001$
#前進ステップワイズ法

表Ⅵ-21　80歳女性における重回帰分析結果# （N=40）

要因	偏回帰係数
外向性	0.426**
活動量	0.425**
友人の有無	0.290*
学歴	0.123
重回帰係数	0.729
決定係数	0.532

*$p<.05$, **$p<.01$, ***$p<.001$
#前進ステップワイズ法

住歴は全年代男女全体の分析結果ではあらわれなかった変数で，女性のこの年代だけにあらわれ，しかも負の値を示した（表Ⅵ-19）。**70歳代**では，**生きがい対象数**が強い規定要因としてあらわれ，**友人の有無**がこれについであらわれた（表Ⅵ-20）。**80歳以上**では，**外向性，活動量，友人の有無**の順となり，かなり年代による入れ替わりが激しい。（表Ⅵ-21）

第4節 考察をする

　老人福祉センター来所高齢者における調査により，この母集団の生きがい感を支える要因が明らかになった。

　全年代男女全体における重回帰分析結果（表Ⅵ-15）は，80歳以上の回答者が少なかったことにより，60歳以上で平均年齢72.96歳（$SD = 7.77$）の老人福祉センター来所者の傾向としてとらえることができる。この平均的傾向として，**外向性得点の高さ**が最も強い説明変数としてあらわれた。**男性では退職後に職場や仕事上の人間関係から離れ，女性では配偶者の喪失を体験する時期には，外向性の高さによって新しい人間関係を得られることが生きがい感を保つうえで重要なのであろう**。Larson（1990）の主観的幸福感尺度による研究でも，13歳以上85歳までの年代群いずれにおいても，友人的人間関係が重要であることが指摘されている。また，BerkmanとSyme（1979）がカリフォルニアで30歳以上70歳未満の，6900人を9年間追跡調査した研究では，家族や友人，教会などの組織による支援を多く得られる人ほど，死因を問わなければ，全体として死亡率が低いという結果がみいだされている。人間関係は心身の健康を保って生きていくささえとして基本的に重要な要因であるのであろう。実際，配偶者や友人の有無も，生きがい感得点の重要な説明変数としてあらわれたが，喪失の時代であるこの時期には，新しい人間関係を得るために外向的性格が重要な要因となるのであろう。また，外向性は，なにごとにも積極的に向い，社会のなかに新しい意欲を向ける

活動をみいだすうえでも有用であろう。活動量や活動熱意の得点に有意な係数は得られなかったが，生きがい対象の数や信心の強さ，仕事の有無などの要因にあらわれているように，社会に向ける関心の強さが生きがい感に関係があることは確かである。経済的満足感も社会との関係を支えるうえでの資金要因として，関係があらわれたのであろう。

男女別に年代を追った変化について次に述べる。

〈 **男性** 〉 老人福祉センターに訪れる男性は無職が多い（表Ⅵ-10）。退職後の男性は，仕事にかわる活動対象を模索し続けるのかもしれない。**生きがい対象数（対象列挙数）が多い人ほど生きがい感得点が高い傾向は全年代を通じてあらわれた**。それ以外では，年代によって変化がある。**60歳代の男性で健康感が最重要の要因となるのは**，生きがい感をもってこれからの人生を展望しようとする時期には，**健康である実感が大きな安心材料となる**からであろう。そのほかでは，**友人の有無や信心の深さ，配偶者の有無**が大きく，70歳代以降と比べて，生きがい感を支える要因に外部依存が特徴的である。これに対して，**70歳代では経済的満足感が説明要因のトップとなる**。60歳代のセンター高齢者では定年退職者が比較的多く，同年代では似た経済力の人たちとの出会いが多いと思われるのに対して，**70歳代の人たち**は，それまで自営業や職場の役員などを勤め上げた後に退職後の人生を過ごす同年代者と出会うことが多くなり，同じような活動をしようとするうえで**経済力の格差を実感する**ことがあるからではないだろうか。退職後10年もたてば蓄えも少なくなり，年金だけに頼る生活に不満が生じてくることであろう。**この年代だけに学歴が要因として姿をあらわす**のも，新しい友人との出会いに，学歴がもたらす自信が活動をともにする支えとなるからかもしれない。しかし，これらも**80歳以上になれば無関係となり，活動への熱意とこれを支えるのであろう外向的な性格だけが生きがい感を支える要因となる**。80歳以上となれば，退職後出会った人も含めて同年代の多くの友人を亡くし，生きがいをもった活動を続けられるのは，社会において人間関係をうまくこなす外向性と，熱意を向けられる活動をもつことにほか

ならなくなるのであろう。

　このように男性の生きがい感を支える要因は，60歳代では親密な人の存在であり，70歳代ではお金や学歴のように自らが蓄えてきたものにかわり，80歳以上では自ら打ち込める活動や外向的性格という現在の本人自身のものへとかわっていくといえよう。

　〈女性〉では，**60歳代においては配偶者の存在が最重要である**。まだ経済的自立が十分でなかった**現代の60歳代女性が配偶者を失うことは，老後の不安感を高めているのであろう**。男性と比べてもかなり大きな要因である。信心が関係ある点では60歳代男性と共通であるが，男性と異なり，**友人の存在が重要となるのは70歳代以降である**。**女性は，配偶者を失ってからようやく友人との交流や活動に生きがい要因が移行する**といえるのではないか。60歳代で居住歴が女性において負の係数をもつ理由は推測がむずかしいが，居住歴が長い場合，親族や近隣との関係が深くなり，それらの人びととの関係から，家族外や地域外に向かう自由な生きがいを妨げられている可能性が考えられる。つまり，それだけ現代は，女性高齢者も家族や地域にしばられているようでは生きがい感をみいだしにくい時代であると考えられよう。**80歳以上では**，男性と同様，自らの活動やそれを支える**外向的性格が鍵**といえるが，男性と違う点は，活動への熱意ではなく，**活動の量が生きがい感を左右していること**である。男性でも友人がまだ得られる70歳代では活動の量が関係するが，同年代の友人を亡くしやすい男性に比べると，女性は80歳以上でも友人が要因となっており，男性が自分の活動そのものへ生きがいをみいだすほかなくなるのに対し，**女性は80歳以上でも友人の影響を得て，さまざまな活動をすることに生きがい感がみいだせているのではないだろうか**。

　さて，同居家族数も検討要因として分析に投入していたが，どの年代にも，男女とも，説明要因に決してあらわれることはなかった。ここで，全年代男女全体で，生きがい感得点を従属変数に，家族形態（表Ⅵ-3の「未婚で一人暮らし」および「親と二人暮らし」を除く5形態）を独立

生きがい感得点

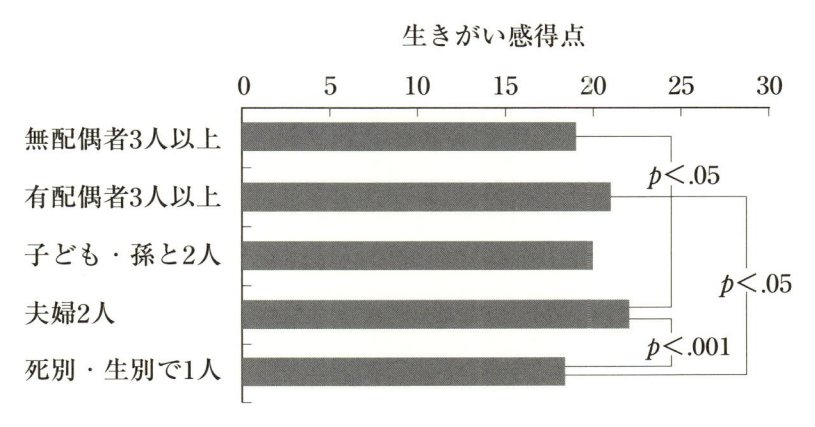

同居家族形態	
無配偶者3人以上	
有配偶者3人以上	$p<.05$
子ども・孫と2人	
夫婦2人	$p<.05$
死別・生別で1人	$p<.001$

注）16項目の最高点は32点

図Ⅵ-1　同居家族形態別生きがい感得点

変数として1要因分散分析をおこなうと，主効果がみいだされ〔$F(4,377) = 3.5$, $p<.01$〕，多重比較の結果，図Ⅵ-1の通りの差異があらわれた。この図で「3人」とは3人以上の同居家族形態を表すが，**夫婦二人暮らしの場合，一人暮らしはもとより，配偶者のいない3人以上の家族よりも生きがい感は高いことがわかる**。つまり，高齢者は配偶者がいなければ，子どもや孫と毎日暮らしても生きがい感には関係しない事情がうかがえる。60歳代女性で居住歴が負の係数をもって生きがい感に関係したが，現代では親密な人間関係であっても配偶者や友人という同年代者以外では生きがい感をもって生きるうえで妨げにしかならないのかもしれない。

第5節　まとめてみよう

最後に，全年代男女全体での分析結果（表Ⅳ-15）をもとにあらためて解釈をおこなう。**全体では外向性がもっとも大きい要因であったが，これは加齢とともに顕著になる要因であることがわかった**。配偶者の存

在は，男女とも前期高齢者に大きな要因となることであった。友人の存在は男性で前期，女性では後期に重要となる要因であることがわかった。男女とも人間関係喪失の時代であるがゆえに，**女性は友人を得て何らかの活動を続けられること，男性は熱意を向けられる活動をみつけられることが最後には重要となる**ようである。そして，おそらくこれが達成できるためにも，外向的性格が男女とも重要であることはまちがいないようである。

　今回生きがい感尺度（K-Ⅰ尺度）をもとに，生きがい感の規定要因を調べてきた。年代による差異は横断的比較であったので，コホートによる影響を検討すべきである。たとえば60歳代と80歳以上とでは時代背景から調査対象の学歴は後者のほうが全体に低いはずである。そのためにこそ，全年代における分析結果よりも，年代別の分析結果を重視すべきである。しかしながら，結果の論議では，年代による差異について，時代差異による解釈を必要とせず，加齢に伴う変化とみなされる解釈が得られたといえよう。そして，女性が家族や地域から開かれた社会へと進出を始めている現代の時代背景を反映した結果が得られたと考えられる。

　今後は，今回後期高齢者で重要性がわかった活動量や活動意欲について，生きがい感とのさらなる詳細な解明が課題となってこよう。

第6節　第Ⅵ章の要約

　わが国の高齢者の調査にもとづいた生きがい感尺度がはじめて作成されたので，これをもと（K-Ⅰ式）に生きがい感の規定要因を調べた。1999年7月に，都市部の老人福祉センターで391人の高齢者に対して，15項目の背景要因と16項目からなる生きがい感尺度の回答を求めた。生きがい感との単純相関から性と年代に応じて規定要因が異なることがわかった。また，各要因は互いにからみ合って生きがい感に影響しているはずであるから，性別と年代ごとに重回帰分析をおこなった。その結

果,男性では 60 歳代で健康感や友人の有無が大きく影響していたが,加齢にともない,活動量から活動熱意へと生きがい感の規定要因が移行することがわかった。女性においては,60 歳代で配偶者の有無や信心が生きがい感に影響していたが,加齢にともない,友人の影響も得て生きがい対象を多くもち,日々の活動量の多い者のほうが生きがい感は大きいことがわかった。男女ともに 80 歳以上で重要なものは社会的外向性であった。

第Ⅵ章の関連論文;近藤　勉・鎌田次郎　2004　高齢者の生きがい感に影響する性別と年代から見た要因　老年精神医学雑誌, **15** (11), 1281-1290

第Ⅶ章　まとめと展望

第1節　まとめ

1. 本著のまとめ

　わが国では古くから生きがいという言葉が使われてきたために，辞書にもその字義が載っている。しかし，近年この言葉が意識され，巷間で話題にのぼるようになったのは，太平洋戦争後，生きることに自信と余裕のでてきた1960年代であり，高度成長期にさしかかった時期である。そして学問的にこれを取上げ，生きがい論議の火つけ役になったのは神谷（1980）による「生きがいについて」の著作であった。これをきっかけとして心理学や社会学，精神医学，社会福祉学などの各領域で研究されることとなった。しかし，そこでなされる定義は恣意的なものであったり，外国から輸入された近接概念であったりした。

　このように学問上，定義が定かでないため，厚生労働省の高齢者福祉対策として1989年に発足したゴールドプランは，生きがい活動支援，生きがいづくりという言葉を使いながらも，生きがいの定義を明確にできないままのスタートであった。これは今日のゴールドプラン21にまでおよんでいる。これはひとえに学問が社会の要請に応えられなかったせいといえよう。

　そこで本著の目的は，生きがい感を明確に意識できる青年期と行政および社会的関心の高い老年期の生きがい感に焦点を当て，生きがい感スケールを作成し，スケールから導き出される操作的定義をおこなうことであった。さらに高齢者向け生きがい感スケールを使い，高齢者の生きがい感に影響する諸要因を探ることであった。その目的は第Ⅱ章，第Ⅲ章，第Ⅳ章で十分でないにしろ果たされたことになる。第Ⅴ章は第Ⅲ章，第Ⅳ章を補足するためになされている。最後の諸要因の第Ⅵ章では，さらなる解明の必要はあるが，一応年代，性別ごとの究明がなされた。

さらに第Ⅷ章では生きがい感高い事例，低い事例を青年と高齢者に分けてそれぞれ調査をおこなっている。

これらの一連の研究により，わが国の生きがい感研究は混迷の時期を脱して大きく前進することであろう。

2. 生きがい感の動向は

NHKによる日本人の意識調査として1973年から2003年の30年間にわたり，5年毎に16歳以上の男女5400人に個人面接法でおこなわれた結果がある。その内容をみると，30年間日本人の意識として変らなかったものは，情緒的な人間関係を大切にすることや，教育に対する熱意などがあげられる。

一方，大きく変化したものの中で生きがいに関係するものとしては，仕事に生きがいを求めていた人が少数派になり，余暇に生きがいを求める人が多数派になってきたことである。すなわち，30年前は仕事志向が44％，仕事・余暇両立が21％，余暇志向は32％であり，仕事に生きがいを求める割合がトップであった。それは丁度，高度経済成長期の終りではあったが，会社のために働くことを求められ，それが社会に貢献できると考えられた時期であった。

ところが2003年には，仕事志向は26％に減り，替って仕事・余暇両立が38％とほぼ倍増，余暇志向は34％となった。この傾向はとくに若年層において顕著である。また国民生活に関する世論調査（2005）によっても，生きがいをみつけるために働くという人は，2001年の24.4％からさらに19.8％にまで下がっている。加藤（2004）は，この意識構造の変化の背景として以下のように述べている。この30年の間には高度経済成長から輸出拡大，バブル経済の過程があった。しかし，その後バブル経済崩壊により，国策が内需主導型に変り，これを支えるため，レジャーブームが起こり，企業戦士の目を余暇にふり向かせたのであろうと述べている。たしかに加藤のいう通り，国の施策の結果という一面はあるだろう。しかし，それだけではなく，女性の高学歴化などとあいまっ

て，女性の権利拡大が男性の生きがい指向の対象に影響を与えたことが考えられよう。すなわち，性役割分担の後退である。意識調査によると，夫は外，妻は家庭を守るといった性役割分担を望ましいと答えた人は，30年前の39％から15％と半数以下に減り，家庭内協力は21％から46％にまで増大している。このことは，かつての夫唱婦随，内助の功が影をひそめ，夫が家事を手伝うのは当然という意識を生み出してきたのである。このことは夫に仕事への没頭を許さず，家庭に関心を向けさせ，家族の団らんの場として余暇を重視させる考えが広まってきたと考えられる。夫もまた妻の価値観を認め，生きがいの対象を仕事から余暇へとシフトさせていったことが推察されよう。

このことは理想の仕事の条件という調査項目にもあらわれている。1位は仲のよい人間関係であり，これは30年前の15％から20％に増大している。2位は専門技能を生かした自己実現となり，やはり15％から20％へと増大している。一方低かったのは地位や名声を得ることであった。ここにも仕事一途に生きる生き方を肯定しない考えが広がってきたことが窺える。

このように生きがい感というものは第1章第1節で述べたごとく，時代とともに変化するものであり，それはとくに生きがい対象の変遷という形であらわれてくる。今後生きがい感がどのような進展を遂げていくかはわからないが，今や現代のわが国の社会の中核を担う青壮年も，また，かつては強い国家権力によって忠君愛国，滅死奉公からアメリカ民主主義に価値転換を強いられた高齢者世代も，平和という共通項の中で自由に生きがいをみつけることが可能となっている。そうなればこそ，誰にも強いられない，自分だけの生きがいをどうしてみつけるのか，悔いのない，豊かな人生を生きるためにも，各人がこれからの時代に問われていることであろう。

第2節　展　望

1. Positive Psychology

　Positive Psychology（以下 P.P と略す）という言葉がある。この用語が心理学上初めて登場するのは、今からざっと120年前、Ribot（1885）によって、Diseases of Memory という著書の副タイトルに使用されたのが最初である。さらに1929〜1933年にかけてフランス語とイタリヤ語で書かれた論文に登場する。ところがそれ以後70年にわたってこの用語が使用された形跡はない。ところが2000年になって突然、Seligman と Csikszentmihalyi（チチェントミハリー）によって大きく取上げられた。それはアメリカンサイコロジストに掲載された論文である。彼らは P.P は人間の強さや長所について研究する学問であり、いかにすれば人生がもっとも worth living なものになるかを研究するものであるという。さらに心理学の焦点が精神病理に移っているが、予防には役立っていないこと、そのため個人の強さに着目しなければならないと説く。

　たしかに Freud いらい、精神病理と治療という方面に心理学の関心が主に向けられていた時代があった。しかし、1960年代、Maslow や Rogers たちは、人間が本来的にもつ潜在的な能力に注目し、それを肯定的に支えていこうとする運動を起こした。

　これは人間性心理学的アプローチといわれ、多くの支持を得て今日にいたっている。Seligman らの主張を聞くと、一見 Maslow や Rogers 以前の状況に立ち戻ったかのごとくにみえる。しかし Seligman らは Maslow や Rogers, Goldstein, Allport らの活動や功績を無視したのではなく、正当に認めた上で、さらに P.P によって人間の強さや未来志向性を研究対象としたのである。そしてそのことは精神病理の予防に役立つことでもあると主張している点である。

　また2004年には、Seligman ら（2004）は、P.P の究極の目標はポジティブな感情や満足感や価値を理解し、形成することによって人々を幸せにすることであるとも述べている。

このように2000年初頭，当時アメリカ心理学会の会長であったSeligmanのこの発表の影響は大きく，2005年までのわずか5年の間に発表されたP.Pに関する論文は82編にものぼったのである。その中ではDiener（2000）によって，主観的幸福感をP.Pの1領域ととらえた研究，Ranzijn（2002）によって，P.Pは高齢者の可能性の実現に寄与すると述べた研究，Terjesen（2004）によって，P.Pの応用は学校の教育現場に予防的な介入方法を築くことができると述べた研究，Dunn他（2005）によって，P.Pは，リハビリ心理学の臨床現場で困難な状況に対面したり，毎日の経験を意味あるものとして認識するさい，その強さの方向性を示してくれるものであると結論づけた研究などがある。またわが国では，21世紀の心理学の可能性と題して，ポジティブ心理学という著書が島井（2006）により出版されている。しかし，改めて彼らの主張を読み，近年の心理学の軌跡を辿ってみると，すでに精神病理，社会的不適応に対する治療や研究は精神医学や臨床心理学の分野で盛んにおこなわれていることである。さらに予防的な見地からもストレスの研究は数多く発表され，それらは心身の健康増進を計る健康心理学という領域ができあがっていることからもわかる。そのため，これらの研究はP.Pという名称が与えられなかっただけであるという見方もできよう。けれども一方，P.Pが未来指向性で，人生のworth livingに研究の焦点を当てた点である。それはpositiveという名称が能動的とか肯定的とか訳されることからも容易に判断される。

　Seligmanら（2000, 2004）は論文中，何度もlife worth livingを使用しており，2000年の論文のアブストラクトではlife worth livingはpositiveな特性であると述べている。またDunn他もP.Pはlife worth livingをみつける要因を探究することであると述べている。

2. P.Pと生きがい感とは

　改めて第Ⅱ章～第Ⅳ章で得られた生きがい感定義に共通する第1義的なものは，生きていくための意欲であり，張り合い意識であった。そし

第Ⅶ章　まとめと展望

てこの生きがい感は，第Ⅰ章第2節4.で述べたごとく life worth living に該当すると考えるならば，今後 P.P の中心的研究を支えるものは生きがい感の研究になると考えられる。第Ⅰ章第2節4.で述べたように欧米で life worth living を対象になされた研究は今のところ存在しない。しかし，Seligman が前述のような P.P の方向づけをおこなった以上，すでにアメリカでおこなわれてきた Subjective well-being や Life satisfaction の研究ではなく，まさに positive な精神生活を探究する life worth living に研究の関心が向うのは自然の流れであろう。このことはわが国の生きがい研究がわが国特有のものではなくなることを意味する。その意味で生きがい研究がインターナショナルな研究になる絶好の機会を Seligman らが提供してくれたと考えられるのではないだろうか。

　たとえば欧米人の生きがいは何なのか，positive な生き方につながる欧米人の生きがいを高める要因は何なのか，欧米では未開拓であるだけに無限の研究の可能性を秘めているといえよう。東洋の日本という国で研究対象にされた生きがい感がアメリカの P.P という土壌を得て，やがて世界に発信していく時がやってくるであろう。そのことを切に願って筆を擱く。

PART - II

生きがい感のこんな
エピソード！

第Ⅷ章　生きがい感の事例

1. 生きがい感の高い若者の事例

特別養護老人ホームで働く女性

　A子さんは現在，特別養護老人ホームに介護職員として勤めている。勤め始めて4年になるが，今はすっかり仕事にも慣れ，とまどうこともなくなっている。

　ふりかえってみると，お年寄りにかかわったのは10年も前になる。高校生の時，ボランティアとして老人ホームへ初めて行き，お年寄りと話したのが最初である。その時のお年寄りはA子さんの話す学校の話や家の話に，にこやかにうなずき，A子さんが友だち3人と木琴を合奏すると，いっせいに拍手を送ってくれた。

　この時，A子さんは将来はお年寄りに接する仕事につこうと決心した。そのため，進学は福祉を学べる大学へと考え，郷里を離れて都会の大学へ進学した。

　進学してみて驚いたのは，ほとんどの学生がアルバイトをしていることであった。そういえば自分もお小遣いが欲しい。手っ取り早くコンビニで働くことも考えたが，どうせ働くなら，かつて行ったことのある老人ホームで働きたいと思った。その方が将来就職する時にも役に立つと思ったからである。たまたまクラブの先輩が卒業を機に退めるというので，替りに特別養護老人ホームを紹介してもらった。

　A子さんが行ってみて驚いたのは，想像していた老人ホームとは全くといっていいほど違ったことである。まず50人程いる入所者（利用者）のほとんどが認知症であり，話がなかなか通じないことであった。こちらの言うことがわかってもらえない。話してはもらっても何を言っておられるのかよくわからない。中には声をかけても返答どころか，無表情で宙の1点をぼんやりと見据えたまま，終日ベッドに座ったきり，また

第Ⅷ章　生きがい感の事例

天井を見つめて寝たままの人もいる。かと思うと建物の廊下を忙しなく歩き回り，階段を昇ったり，降りたりしている人がいる。突然大声をあげる人がいる。何をどうしてあげればよいのかわからない。職員さんに食事をあげて下さいと言われれば，食事をスプーンで口の中へ入れてあげるが，その食事というのも，ご飯とおかずと味噌汁とさらに本来食後に食べてもらうべき果物も一緒にミキサーでかき回したものである。

　お風呂は普通，夜に入って温まってから寝るものだと思っていたが，昼間に入浴してもらうことになっており，居室から浴室へ導く者，服を脱がせる者，浴槽に入れて洗う者，体を拭く者，着せる者というように職員がそれぞれの役割に別れて分担でおこなう。まさに流れ作業の入浴であり，万一どこかで流れが滞ると，次の待機者が列を作ることになる。とてもゆっくり入浴を楽しむなどという雰囲気ではない。トイレ介助も決まった時間におこなうことになっており，それ以外の時間にはおむつ交換はおこなわない。したがって，お年寄りが，たまたま交換の前に尿意や便意を感じないため，交換のタイミングを失し，その後，排泄すると，次回の交換まで替えてもらえない。そのまま廊下を歩いてポタポタということは日常茶飯事である。これでは食事にしても排泄にしてもケアではなく，始末処理ではないか。

　ベッドは病院の大部屋のように薄いカーテンで仕切られただけである。そのため，隣の人の咳払いや，いびき，ひとり言，歯ぎしり，さらにポータブルトイレを使う排泄の音までまる聞こえである。もちろん臭いも洩れる。

　テレビを見たいと思っても，玄関のホールと食堂にあるのみで，それもチャンネルの切り替えは許されない。病院のように，せめて自分のベッドの傍らにテレビを置いて好きな番組を見るために買いたいと希望しても，隣の人に迷惑がかかるとか，買えない人がいるとかいわれる。それでは付けて欲しいと言うとホームは全員に設置する予算はないといわれる。入所者が散歩に出たい，買い物をしてみたいと思っても外出はままならない。職員に時間的余裕のあった時に限られ，それはめったと叶

第Ⅷ章　生きがい感の事例

えられない。

　さらに拘束といって，動き回る入所者を一時的にベッドや車椅子に縛りつけるのもよく見た。それは職員が少なくなる夜間によく起きる。たとえば，入所者同士のトラブルが発生し，駆けつけていかねばならない時に，傍らで見守っていた徘徊常習のお年寄りが突然立ち上がり転倒して骨折などしないよう，ベルトやひもでくくりつけておくことである。

　ある時，Ａ子さんがたまたま居残っていた時，拘束されたひもを外そうとして必死でもがくお年寄りを見かねて解いてあげたことがあった。しかし，後で職員さんに大変叱られた。その理由として，万一転倒骨折となった時，ホームの管理体制不備として家族から訴えられる危険性があること，拘束も厚労省から利用者の生命または身体保護の必要な時は認められていることなどを教えられた。その時は，Ａ子さんは自分の浅はかさを認め詫びたが，その後注意して見ていると，ともすれば拘束は安易になされ，本当に緊急止むを得ない場合に限られているとはいえない状況を見てきたのである。

　これらの現状を見るにつれ，Ａ子さんは老人ホームに対して抱いていた気持が大きく崩れるのを覚えた。高校生の時に接したお年寄りの姿と余りに違うではないか。もちろん，かつて見た老人ホームは自立できて認知症でないお年寄りのホームであり，アルバイトできている特養ホームは，ほとんどの人が認知症を患い，介助がなければ自立できない人のホームであることは理解できる。しかし，これはケアをするホームでなく，単なる収容所ではないか。

　そして介護に携わる肝心の職員の人たちが口を揃えて「自分の親はここへは入れない，入れたくない」と言っていることであった。さらに入所者であるお年寄りから，楽しかった，嬉しかったという言葉が聞かれない。耳に入るのは「早よう死にたい」，「これ以上長生きしとうない」，「どうでもして……」という投げやりな言葉である。

　これが一生懸命生きてきた人たちの終の住み家なのか，これでは余りにも気の毒だ。なんとかしてあげたいと思ってもアルバイトの自分にで

第Ⅷ章 生きがい感の事例

きることは限られている。せめてやさしく声をかけかるだけ，しかし，それだけでは……。そうした無力感にさいなまれ，もう退めたいと思いながらそれでも働き続けた。

　1年半ほど経った頃，ユニットケアを導入するという話が聞こえてきた。ユニットケアとはホームの中を物理的にも幾つかのユニット（単位）に分割し，グループ単位で介護していこうというものであった。具体的には入所者を8～10人単位に分け，職員も分ける。入所者には個室も用意し，その人好みの家具や私物も持込めるという。これを聞いた時，A子さんはよかったと心底から思った。これができれば，パラダイスとまではいかなくとも今よりはずっとましな生活を送ってもらえる。そう思った。

　しかし，そのユニットケアというものを見ないままA子さんはその特養ホームを去った。それは学業が忙しくなったためである。

　やがて遅れていた勉強にも追いつき，学園生活を楽しんだ2年後，A子さんは就職を考えねばならない時期に入った。すでに周りの同級生の中には内定が取れたという話が耳に入ってくる。A子さんはどうしようかと真剣に考えた。福祉の学部に進んだが，別に福祉と関係のない仕事にもつこうとすればつける。現に建設会社や広告代理店に就職を決めた友人がいる。両親も好きな道に行けばよいと言ってくれる。選択は自由である。A子さんは何日も何日も考えた。自分が福祉学部の学生であることも忘れた。そして頭を空にして考えた末に出て来たのはやはり介護であった。

　A子さんがアルバイトをやめてから2年の間に老人ホームは大きく様変りしたとのこと。ユニットケアの導入によって特養ホームは入居者にとって住みよい場所になっているという。それならば，個別的なケアができる筈である。今度は1人1人のお年寄りの気持に添ったケアができるかも知れない。それなら特養ホームで働こう。ただし，ユニットケアに過大な期待は持たないでいこう。夢と現実の違いにとまどい，打ちひしがれる自分の姿はもう見たくない。前よりはよくなっているのなら，

第Ⅷ章　生きがい感の事例

その範囲でできるだけの工夫をしていこう。アルバイトの時は命じられるままだったけれど今度は正規の職員だから発言権もある筈だ。お年寄りに喜んでもらえる職員になってみよう。そう決心したＡ子さんは，特養ホームの募集に応じることにした。就職活動を始めて１ヶ月後，大阪の特養ホームに就職が決まった。ユニットケアに熱心に取組んでいる特養ホームだという。そして，卒業後Ａ子さんは特養ホームに今度は職員として正式に勤めることになった。

　勤めてみて，驚いたのは，アルバイトで行っていたホームとは，まず内部構造が違っていたことである。築後１年ということであったが，まず玄関ホールがゆったりとしており，家族との面会室があり，内部は確かに，聞いていたように室は小グループ単位に別れており，その中は４人部屋と個室で構成されている。これならば１人でいたい人は個室に，１人では寂しいという人は４人部屋を選択できる。そして職員は入所者全員をケアするのでなく，各ユニットに分かれて10人程の面倒を数人の介護職員でみる。簡単な台所もユニット毎についているので調理もできる。これなら料理をお年寄りに教えてもらい，手伝ってもらって会話を交わすことができる。そして部屋には少ないながらも各人の家具が置かれており，テレビもあった。Ａ子さんは嬉しかった。そしてアルバイ

トの時には大人数であったため，わからなかったが，排泄なども小グループで観察していると，言葉の表現はなくとも，それなりに微妙なサインが出ており，それをみつけてトイレへ誘導するとうまくいくことがわかった。失禁が減ったということは何よりの成果だと思った。

　A子さんが働き始めて，何よりも心がけたのはアットホームな雰囲気を作ることと，入所しているお年寄りと会話を交わすことであった。

　その人の好きな花の名前を聞く。返事の返ってこない人には花の絵本を見せて指さしてもらう。そしてその花を生ける。A子さんのユニットにはあちこちで花が目につくようになった。洗ったおしぼりや洗濯した物をたたむことはむしろ手伝ってもらう。そして終った時，必ず助かりました。有難うの言葉を返す。お年寄りの経歴書を読んでおいてその人の得意なことをやってもらう。外出の時はお化粧をしてもらう。お習字や園芸，はり絵，手芸などの趣味に誘って見る。誕生日を調べておいて，皆でお祝いをする。こうした働きかけでお年寄りから笑顔が見られるようになり，言葉数が確実に増えていった。そしてこれらの働きかけは結果的に体を起こしている時間を増やし，寝たままの時間を減らすことにつながっていたといえよう。

　ある時，こんなことがあった。フロアーの窓に4〜5人のお年寄りが，顔を寄せ合って何かを見つめ，真剣に話している場面にぶつかった。なんだろう？何を見ておられるのだろうとその視線を追っていくと，ホームの裏庭の自動車であった。そして聞こえてきたのは「あら！自動車の屋根から木が生えている」，「ほんとだ，すごいね」という会話であった。改めて窓越しに自動車を見てみると，大きな桜の木の根元にどこかの自動車が横向きに停まっているだけである。たしかに一面的に見れば，こちらからは自動車の屋根から木が生えているように見えるが，木の前に自動車が停まっているだけなのはすぐわかる。しかし，認知症のお年寄りにはそう見えないらしい。しきりに「まあ，珍しいね……」と感嘆しきりである。かつてのA子さんなら「違いますよ」と納得してもらうまで説明したであろう，しかし，今のA子さんは，「ほんとですね」と言

第Ⅷ章　生きがい感の事例

「ね、自動車から木が生えてる」
「ほんとー」

って，にこにこしていられる。

　認知症のお年寄りにどう接すればよいのか，体験的にわかるようになっていた。

　このホームに入って3年，A子さんは介護福祉士の資格も取得し，そしてリーダーになった。A子さんが就職してからA子さんのユニットに目覚ましい効果が見られたのを施設長が認めてくれた結果でもあるが，嬉しい反面，重い責任を負わされた気がする。今度はユニットの仲間と仲よくやっていくだけではいけない。何十人もの職員をまとめていかなくてはいけない。個々の介護職員の要望を聞いて，上部に伝えても希望はなかなか叶えられない。中間管理職の辛いところである。しかし，どんなに辛くとも今の仕事を退めたいなんて思わない。自分を必要としてくれる人がここにいると思うと，アルバイトの時のように退めるなんてとんでもないと思ってしまう。それよりも認知症のお年寄りの人たちとずっと一緒に生きていきたいと思う。

　昔から終りよければ全てよしという。そのように，お年寄りに，長生きしてよかった，もっと長生きしたいと思ってもらえるようなホームにしなければと日夜考えている。

筆者は今回，青年期用の生きがい感スケール31項目ならびにセルフ・アンカリングスケールをやってもらった。結果は78点という高得点であり，判定基準でも高い方にランクされていた。そしてセルフ・アンカリングスケールでは，10段階の内，8にランクされていた。

内容を見てみると，将来に希望がある，目的があり，達成したいことがある。やりがいのあることをしているなどの意欲の項目得点が高いこと。人に喜んでもらえることがある，人の役に立ったと感じることがある，周囲から認めてもらっているなどの存在価値項目得点も高いこと。さらに好きなものを飲んだり，食べたりする機会がある，心ゆくまで買い物をするなどの享楽因子得点もかなり高いことがわかった。しかし，全てのものごとが順調に進んでいると思う，の項目には，いいえの回答がなされており，現状満足の項目得点は低かったことである。これらのことから，A子さんは生きがい感は高い方ではあるが，リーダーとしての役割を十分に果せていないことに対する不満足な心境が窺えるようであった。A子さんの今後の奮闘に心から声援を送りたいものである。

2. 生きがい感の低い若者の事例

同じ家の中で母親にメールする引きこもりの青年

Kさんは現在28歳である。大学は6年前に卒業したが，親に就職するよう言われても就職せず，就職活動をしようともしなかった。当時，商社に勤め海外に単身赴任していた父親から何回か電話があったが，一度出ただけで，その後は母親が出るように言っても，電話に出なくなった。

その頃から自室に引きこもることが多くなり，部屋の中ではテレビを見，音楽を聞き，パソコンをいじり，夜は明け方まで起きているようになった。その分昼間は眠っている。いわゆる昼夜逆転生活である。引きこもりが始まってから最初の2年位はそれでも割合いよく外出していた。行先は電器店やCD店，ビデオショップへ行く。それも中学時代，

第Ⅷ章　生きがい感の事例

高校時代の親しかった友人とつれ立って行くことが多かった。母親は友達との交流があるからまぁよいだろうと思っていた。社会に出て働いている仲間の刺戟を受けてその内働く気になるだろうと簡単に考えていた。

　ところが2年を過ぎた頃から自室に入ったまま出てくることが少なくなった。食事のとき食堂へ降りてきて親と一緒に食事をしなくなった。そのため，会話を交わす機会がない。母親は仕方がないので食事の時間になると作った物を盆に載せて2階のKさんの扉の前に置いておく。しばらくして行ってみると，空の鉢が置いてある。それをまた持って降りてくる。中からはテレビの音や音楽が聞こえるのみである。中で何をしているのか，開けて中をのぞこうとすると凄く嫌がるので入ったことはないという。

　部屋を出るのはトイレに行く時とたまの入浴，それに中・高時代の友人と時たま出かけるのみである。友人もそれぞれ仕事があるので以前ほどKさんを誘ってはくれなくなっていた。外出から帰るとKさんは自分の部屋に直行する。しかし，部屋にこもりきりでは必要な物を求めることができない，そこで欲しい物があるとメモに書いて扉の外に置くようになった。母親はそれを見て要求された物を調達し，置いておく。しばらくすると中から手が出てきてそれらの物を引入れる。

　1年半ほど前のある日，メモを見ると，携帯電話と書かれていた。もうこれからは携帯を持つのが当り前の時代になっているし，自分も持っているのだからと母親は理解を示し，携帯を買ってきて説明書と一緒に置いておいた。しばらくすると母親の携帯へメールが入ってきた。腹が減ったからラーメンと書かれている。仕方なくいつものようにラーメンを作って持っていく，最初はちょっと変な気がした。メールは遠い所にいる友人同志が語り合うものだと思っていたから，同じ屋根の下に暮らしている者同志がメールを交わすのはおかしいと思った。しかし，なんだ，メモ用紙が単にメールに変っただけかと思うと，さほど気にならなくなった。むしろ定期的に扉の前を見に行く必要がなくなったと思った。

第Ⅷ章　生きがい感の事例

　今は慣れてしまい，違和感を持たず家の中で母子でメールを交わしているという。もちろんパソコンは以前から持っているので，インターネットの通販でCDが届き，5万円もの請求書が入っていたのには驚いたことがあったという。
　父親は典型的な会社人間であり，もちろん気にはしているようだが，母親に任せているとのこと。母親は自分の息子が28にもなって，まるでサザエのように殻の中に閉じこもっているのは異常であり，なんとかしなければいけないとは思っている。しかし，あせっても仕方がないからとそれほど深刻には受け止めていない。もともと中学の頃からおとなしい性格の子で，一度心療内科へ連れていったが，医師から別段のことは聞かされなかったと母親は語る。
　今は引きこもり支援センターの人が時々訪ねてきてくれるが，顔見知りになり，安心できる人だとわかると結構話す。その意味では対人恐怖症という訳ではなさそうである。ただそれ以上となると，人と接することは苦手である。

筆者は今回，青年期用の生きがい感スケール31項目ならびにセルフ・アンカリングスケールを使いKさんの生きがい感の程度を知りたいと考えた。そこで支援センターの人を通じて直接インタビューできるよう打診してもらったが，やはりKさんから拒絶された。そこで支援センターの人に調査を依頼して回答を得ることになった。結果は，人生に期待や希望を持っている，目的があり積極的に取組んでいるという意欲に関する項目はいずれもいいえであった。また，他人から頼りにされている，人の役に立っているという存在価値に関する項目も否であった。さらに満足感の項目も否，一次的欲求ともいえる，おいしい物を食べたり，買い物をしたりする項目もいいえ，このように結果は全ていいえという否定の回答であった。またセルフ・アンカリングスケール得点も0とマークされており，この点でも31項目スケール得点と一致していた。

　ただ，31項目スケールで否定の回答が全てであったことは，黙従傾向（はいとかいいえ，どちらにしろ同じ回答を続けると，後の質問にも同じ回答をする傾向が出てくる，いわゆる反応が引きずられること）が窺えるため，31項目の全てが0という訳ではないだろうが，いずれにしても生きがい感がきわめて低い状態にあることはたしかである。Kさんの生活ぶりからは青年らしい明るい人生への未来を描こうという姿勢は感じられない。もともと不特定多数の人付き合いが苦手という本来的な性格に加えて，両親の逃避的，過保護的な接し方も無関係ではないように思える。

3．生きがい感の高い高齢者の事例

サラリーマンから画家に転身した男の苦闘物語

　1972年11月フランスオルセー空港に，夕暮れ近く1人の男が立った。若い男ではない。40も半ばの男である。しかし，身ごなしは若者と変らず，その容貌は精悍そのものである。やがて男はカウンターから受取った折畳み式の自転車をほどき組立て始めた。その自転車は彼が住んでい

第Ⅷ章　生きがい感の事例

た横浜を出発する時，絵の仲間たちが，フランスで絵描きになってみせるという彼の壮行を祝して，乏しいお金を持ち寄って買ってくれたものであった。自転車を組立て終った彼は，さぁこれからこの自転車でパリを目指そう。さてパリはどっちの方角なんだろうと思案する。しかし道をたずねようにもフランス語は1語もわからない。えぇままよ，お客を乗せるタクシーについていけばパリに着くだろう。そう考えてタクシーについて走り出した。ところがその道は高速道だったらしく猛烈な勢いでタクシーが追い抜いていく。その風圧たるやもの凄い。側壁に叩きつけられんばかりである。ひやひやしながらもどれほどペダルを踏んだろう。

　ふっと見ると，はるかな前方の夜空に，沢山の街の灯の中にエッフェル塔が浮かんでいる。パリだ！パリだ！パリにきたのだ。やっときた。本当にきたのだ。思わず，ハンドルよあれがパリの灯だと心の中で何度も叫ぶ。胸の中を熱いものが流れる。やっときたのだ。けれどここへくるまでの何と遠い道のりだったのか。それを思うとまぶたが熱くなる。

第Ⅷ章　生きがい感の事例

　パリに憧れたのは若さ溢れる10代の頃である。彼は若くして油絵に魅了された。しかし当時の世の中は油絵などに没頭させてくれなかった。太平洋戦争である。彼もまた20歳の時徴兵された。戦線は中国大陸であった。彼は小隊長となり，一隊を指揮する身となり，蒋介石軍と戦った。ある時，丘の中腹に布陣していた時，突然射撃を受けた。まさに弾が雨あられと飛んでくる。伏せろと命令したものの弾の飛んでくる方角がわからない。指揮官として，反撃の命令を下すために半身を起こして四囲を見渡し，敵影を求めるが見えない。頭上をピューンと弾が空気を切り裂いていく。指揮官を狙ってきたのだろう。足許の地面にプス，プスと弾が突きささってくる。次は自分の体に弾が当たるかも知れないと思った瞬間，何とも知れぬ恐怖に襲われた。小隊長としての責務を考えるより以前の生き物としての本能的な腹の冷えるような恐怖であった。

　そんな経験を何度かくぐり抜けて従軍したあげく，ようやく終戦となり内地へ無事に引揚げる。これで再び絵が描ける時代がやってきたと思った。しかし，戦後の混乱した時代はひたすら食べるために職業を転々としなければならなかった。映画館の看板描きもやった。土方もやった。もともとが横浜っ子であるため，港をうろうろするうち，港湾労働者としても働いた。そのうち働きぶりが認められるようになり，いつの間にか甲仲という輸出入貨物代行会社に雇われるようになった。ここで昼間は必死で働き夜は自宅で油絵に没頭する。その頃から佐伯祐三の絵に傾倒するようになっていった。佐伯祐三とは昭和の初め大阪からフランスへ渡り，2年の滞仏中，伝統にとらわれず独自のタッチでパリの街を描いた画家である。しかし結核のため若くしてパリで客死した。生前は若手画家として注目された程度であったが，死後高い評価を受け，わが国では藤田嗣治につぐ人気洋画家である。この佐伯祐三の画風に魅せられた彼は自分もパリで勉強しようと思い立った。しかし金がない。まずは生活の基礎を固めることだと懸命に仕事に打込んだ。国内の輸出業者から荷を受ける。出荷手続を済ませ貨物船に積込む。着いた貨物船からは荷を降ろし，税関手続を経て国内の輸入業者へ引渡す。その代行業務を

第Ⅷ章　生きがい感の事例

おこなう訳だが，船長やパーサなどとの交渉に英語が役に立った。中学で習った英語だが，お前の英語はよくわかると言ってくれた。すでに独立美術協会展でも入選，二科展でも入選していたが，日曜画家で終りたくない。何とか佐伯祐三のような絵をフランスで描いてみたいという夢は日毎に膨らんでいく。

とうとう密航を考えた。仕事柄，外国船には自由に出入りできる。そこで乾し米を靴下に詰めたものを幾つも腰にぶら下げ外国船の船底にもぐりこんだ。いよいよ日本ともお別れだ。やがてボーッという汽笛と共に船は出航する。うまくいったと思った。これで誰にも見つからずに船底で米を少しずつ食べつなぎ，フランスの港へ着いたら荷下ろしの混雑にまぎれて下船する。全てはうまくいく筈であった。ところがこの計画は無残に破綻する。何と夜中にねずみに襲われたのである。

船底に住むねずみは大きくて獰猛である。ねている間に寄ってたかってすっかり食われてしまい，たちまち食糧が尽きてしまった。それでも2，3日は我慢したが，ついに空腹に耐えきれず船底から這い出す。たちまち船員につかまえられ船長の所へ引きずり出された。必死に英語で説

明したが，船長は，船から降ろす訳にはいかん。これから水夫として働けとのこと。ようやく食糧は与えられたがそれからの航海中は，危険な仕事ばかり当てがわれた。

それは，まず船べりから長い板にひもをつけてそろそろと降ろす。それへ乗って腐食を防ぐためのペンキを船腹に塗れという訳である。仕方なく板に乗ると上から船員が板を中腹まで降ろす。そこでペンキを塗る訳だが，もちろん船は航行しているから波が板に打ちつけ波しぶきを全身にかぶる。さらに大きな波がくると板ごと持上げられ海中に放り出されそうになる。そんな危険な仕事をさせられ，フランスの港を目前にしながらも降ろしてもらえず，船は再び回航し，横浜に着いた。そこでようやく解放され，武運つたなく下船となった次第。まさにフランス密航大失敗であった。

再び元の職場で昼間は仕事を精力的にこなし，夜は油絵を描いていた。二科展には毎年入選するようになっていたが，しかし，フランスへ行くチャンスはめぐってこない。彼はいつの間にか47歳になっていた。そんなある日，突然社長から呼び出された。なにごとかと出向くと，「部長になってもらいたい。君はフランスに行って絵描きになりたいらしいが，ここらでそれを諦め，管理職について社業に専念してもらいたい，どうか？」とのことであった。彼はとまどった。さまざまな思いが一瞬頭の中を駆けめぐる，とっさの返事が出てこない。やっと出てきたのは1日だけ考えさせて欲しいという言葉であった。その晩必死になって考えた。1人前の絵描きになるには47歳からのスタートでは遅過ぎる。部長になればサラリーマンとして地位も上り，給与も増える。このまま働いておれば立派にサラリーマン人生は全うできるだろう。しかし，このまま人生を終えていいのか，自分はフランスに行って第2の佐伯祐三になるのが夢ではなかったのか。部長になれば仕事も忙しくなり，絵を描く時間もなくなってくるだろう。それを考えると部長になることは永久に絵描きへの道を諦めるに等しい。やっぱり思い切ってフランスへ行ってみるか……しかしこの歳になってフランスへ行ってものになるだろう

第Ⅷ章　生きがい感の事例

か。ものにならなかった絵描きの話は山ほど聞いている。ものにならなかったら折角今まで築いてきた人生すら捨て去ってしまうことになる。17や18のお兄ちゃんならいざ知らず，分別ある男のすることではない。失敗して何もかも失ったらドンキホーテだと笑われるだけだ……しかし俺の夢はどうなる。見果てぬ夢で終るのか，目をつぶる時後悔しないか……思案は堂々めぐりをする。それでも考えに考える。一晩ねずに考えた彼は，空が白みかけた頃ようやく最終決断を下す。それは折角の社長の薦めを断わり，会社を退めてフランスへ行こうというものであった。これが俺の人生の踏ん切りをつける最後のチャンスだ。そう考えた彼はついに社長に辞表を提出したのだった。

　こうして清水の舞台から飛び降りた彼は絵仲間の見送りを受けて退職金を手に飛立ってきたのだ。そのパリが近づいてくる。やがて高速道を降り，エッフェル塔を見上げながらセーヌ河沿いを走る。突如自転車を停めた彼はマロニエの街路樹に近づくや思わず抱きついた。そして叫んだ。パリにきたんだぞ！これがパリの樹だ。パリの樹だ。感激の涙で顔がくしゃくしゃになる。道を通るフランス人が怪訝な顔をして通り過

第Ⅷ章　生きがい感の事例

ていく。それでも彼は人目もはばからず泣いていた。まさに遙けくもきたパリだったからである。

　こうまでして辿り着いた憧れのパリではあったが，実は着いた早々彼はとんでもない困難に直面させられる。それは住む所がないということであった。放浪生活をする訳ではないから横浜を出発する前から先に行っている絵仲間に手紙で相談していた。その友人はいと気易く俺の所で一緒に住めばよいと言ってくれた。そこで着いた日の晩，ようやく彼の下宿を訪ねあてたところ，「本当にきたのか」という困惑した言葉であった。お愛想で言ってくれた言葉をうのみにして飛んできた自分が馬鹿だったと思ったが後には引けない。ホテル住いなどできるものではない。そこで思案の末，奇想天外のことを思いついた。只で住める家を探そうというのだ。そしてフランス語で"住み込みのハウスボーイをします。声をかけて下さい。一生懸命働きます"という言葉を布に書いてもらい，その布を背中に貼り付けて歩き，またゆっくりと自転車で走り回ったのである。毎日，毎日……。まさに歩くサンドイッチマンであった。すると2週間ほどした頃，1人のマダムが声をかけてくれ，屋根裏部屋で住まわせてくれることになった。こうして住む所を確保して一安心した彼はいよいよ待望のパリの街を描き始めた。それからの彼の画業への精進は凄まじい。

　早朝から起き，マダムから命じられた家事一切をこなし，空いた時間は佐伯祐三の筆の跡を辿り，パリの街角へ出て絵を描く。夕方の家事を終えれば再び深夜まで絵筆をとる。休日には美術館を巡り，先人の絵を目で追いかける。1日1日が充実しており，やはりやってきた甲斐があったという思いが日毎につのっていった。そんなある日，パリ近郊のシャトー（城）を訪ねた。館内を見て回り，次の間へ移ろうとした時，1人のうら若い日本人女性がうずくまっている。腹痛のため動けぬらしい。思わず「どうされたのですか」と声をかけていた。そして彼女の腹痛を介抱したのがきっかけで親しくなり，結婚したのが現夫人である。彼女

第Ⅷ章　生きがい感の事例

は芸大を出てパリへ出てきた留学生であったが，2人で別に一部屋借りて生活すると生活に困窮するようになった。持ってきた退職金はとうに底をついていた。彼はトビ職人になった。高い建築現場へ上るため危険だがそんなことは言っていられない。その替り給料はよい。それが魅力で慣れぬトビ職で働く。一方彼女は壁紙貼り職人となって働いた。夕方疲れきった体でアパートへ倒れ込むように帰り着く。それでも絵筆を離さない。パリへ出稼ぎにきたのではない。絵を描きにきたのだ。

　その努力がようやく報われる時がきた。フランスへきた翌年に「サロン・ドートンヌ展」へ出品したのが入選する。さらに次の年とんでもないことが起きる。「ル・サロン・ド・アーティスト展」へ出品したところ，何と金賞を獲得。「ル・サロン展」はフランスでもっとも権威ある展覧会であり，日本でいえば日展である。日展の特選に比肩しようか，いや「ル・サロン展」は世界の美術家が集まる所だけに国際的な評価を

受ける。彼はいきなり地面から持上げられたようで天にも昇る心地であった。その後は「ジュビジー国際展」に招待出品し，受賞，さらに2年後「ヒューマン・ド・テール勲章」を受ける。その年ベルギー，スペイン両国より「芸術功労勲章」を授与される。さらに「ギャラリーマイナ・マイヤー」，「ギャラリー・ド・カチャグラノフ」にも個展を開催することができた。

　ヨーロッパでこれだけの成果をあげると日本の画商が放っておかない。東京の西武百貨店で個展を開き，以後10回以上開いたが，ほとんど完売されるという快挙を成し遂げた。東京以外の各地でも個展を開催，1993年には河村美術館（佐賀県唐津市）へ油絵20点が所蔵される。

　彼は個展のカタログにはパリ・パッションと印字する。なぜなら1つ1つの作品が絵に対するひたむきな情熱パッションそのものだからである。師を持たず独学でここまで登りつめてきた彼にふさわしい言葉は何であろうか。画伯などという俗っぽい言葉ではない。情熱の男というのがふさわしいのではないだろうか。今もその気持は失われていない。1994年に帰国，伊豆伊東に念願のアトリエを構え，以後は年に何回かフランスを訪れ，帰国後も終日絵筆をとる。80歳を越えた今もその生活は変らない。早朝起きると，「仕事をしろ，後がないぞ，決めたことは必ず実行だ，何ごとも耐えて努力せよ」これを大声で読みあげてからアトリエに入る。

　彼は人生はこれからだという。もっといい絵を描きたい。第2の佐伯祐三になりたい。どうすればよいのか，日夜そのことを考える。自分の人生を回顧する余裕などない。残された時間に何をどれだけ築けるのか，それのみを考え，今日も絵筆をとる毎日だという。

　筆者はK-I式生きがい感スケールを示し，回答してもらった。結果は16項目とも生きがい感高い方の回答であり，32点満点であった。
　Y氏の生活ぶりは，80歳を過ぎた人とは到底思えない。楽隠居とは程遠い生活である。耳は遠くなったが，絵に対する情熱は20代の青年と

変らない。このエネルギーは，この高い生きがい感はどこからくるのであろうか。1つは第Ⅵ章の研究結果から出ていた。外向的な性格が関係していよう。初対面の人とも気さくに話をし，社交性があり，人をそらさない。それはサラリーマンとして長く営業に携ってきたことも影響していようが，いわゆる芸術家ぶったところのないY氏の素朴で温かい人柄である。そのことが後を振向かず，常に何かを求めて歩む姿勢に通じるのであろう。Y氏に会った人は皆Y氏から強烈な印象を受けるようである。それはY氏の絵に対する情熱と人柄のせいであろう。この絵に対する活動熱意が，もう1つの生きがい感の源泉となっていることは想像に難くない。

　Y氏にこれまでの人生について感想を求めてみた。Y氏は「多くの人に支えられてここまでこられた。まず家内に感謝したい。家内も絵描きとして，今は陶芸家として共に励まし合ってこられた。そして僕の絵を買ってくれた人に有難うといいたい。買って下さった方には財界の著名な人もある。けれどもお小遣いを貯めて買って下さった主婦の方もある。皆な僕の後半生を賭けた人生を買って下さったのだと思っている。しかし，まだもっとよい作品を描きたいと思っていますよ」とのことであった。

4．生きがい感の低い高齢者の事例

戦争で生き残ったけれど，死んでいた方が……。

　Sさんは一応大阪の衣料品店の店主である。一応といったのは形だけの店主であり，内実は債権者によって管理されてしまっているからである。それでもSさんは毎日出勤し，得意先回りもする。

　ある日の朝，偶然電車の中で出会った筆者は隣合わせの席でSさんの行く方来し方を聞かせてもらう機会を得た。以下はSさんの話である。

　大阪で生まれたSさんは小学高等科を出ると，当時のほとんどの者が辿る道，丁稚奉公に出された。奉公先は繊維問屋である。朝は早くから

起き，玄関と庭先の掃除を済ませ，味噌汁とタクワンと麦飯の朝食を済ませる。それからは戦場である。店へ来るお客の草履の揃え，お茶汲みから荷物の梱包，配達など目の回る忙しさである。店の中では番頭や旦那の意向を素早く読み取って動かないとゲンコが飛んでくる。鳥打帽を被り，自転車の荷台に大きな荷物を積んで配達する。その時が唯一気の休まる時だったという。休みは月に1度，その日は難波へ出て映画を見たりぜんざいを食べるのが楽しみだったという。

　丁稚であっても持つ夢は，いつの日にか自分の店を持ちたいという夢である。しかしそれは途方もない夢であった。けれどもそれを夢としなければ働けない。Ｓさんは必死に働き，夜は夜でソロバンと簿記を勉強した。仕事の飲み込みも早く，懸命に働くＳさんに店主や番頭は一目おくようになっていた。ところが仕事が面白くなる頃，兵役がやってきた。体格もよく甲種合格となったＳさんは中国大陸へと出征する。一兵卒からスタートしたＳさんだが，軍隊でも努力を惜しまなかったため，数年後には下士官に昇進していた。

　厳しい軍務に明け暮れていたある日，突然の転属命令が出た。行先は知らされなかった。各部隊から寄せ集められた軍団は港から船に乗り出航する。Ｓさんたちは何も知らされなかったが，とくに敗勢の色濃い南の島々に中国大陸や東北部にいた精兵を補充しようという軍の方針であった。しかし，Ｓさんたちは南方での戦線が悪いことをそれとなく感じていたため，南方のサイパンかグアム島か沖縄辺りの戦線へ回されるだろうと仲間たちと語り合っていた。兵員を乗せた貨物船は途中，潜水艦の魚雷を警戒してジグザグに航海する。そのため1週間ほどかけて着いた所は沖縄であった。ただちにアメリカ軍の上陸に備えて防空壕掘りをする。まもなくサイパン，グアム島の玉砕を聞かされる。次は沖縄であろう。上陸されれば間違いなく玉砕である。軍曹に進級していたＳさんは兵隊を直接督励する責任ある立場として，とうぜん死を覚悟していた。そんなある日，軍令部より呼出しがあった。なにごとかと出頭したＳさんに，上官は機密書類を内地の軍令部へ届けるよう命じた。海上も次第

第Ⅷ章 生きがい感の事例

あゝ─沖縄玉砕！

に危険が迫っているのですぐに発てとのこと。命令とあれば仕方がない。取るも取りあえず機密書類を持って船に乗込んだ。何とか無事に内地に着いて渡すことができるだろうか，途中はらはらのし通しだったが，幸いに広島の宇品に着いて上京する。渡し終ってほっとした。さあ沖縄に戻らねばならない。自分は沖縄の部隊に所属しているため沖縄の原隊に戻るのが本筋である。そこで軍令部へ沖縄へ行く船の便乗を頼んだところ，沖縄へ行く船便はない，待機せよとのこと。さらに驚くべきことを聞かされる。なんとそれは目下沖縄は米軍の攻撃を受け，米軍の上陸が始まっているとのことであった。それならなおのこと戻らねばならない。Ｓさんはあえて乗船を頼み込んだ。しかし当分船便は出ないとのこと。やむなく宿舎に戻る。Ｓさんは宿舎で考える。今頃部下たちは陣地の中で戦っているだろう。自分が帰るのを待っている筈だ。新聞を見ると沖縄は激戦中とのこと，いても立ってもいられない。再び出かけていく。しかし待機せよとの一点ばり。そんなことを繰返し，焦燥に明け暮れしていたある日，新聞に大きく沖縄玉砕と出た。あゝ皆な死んでしまった

— 138 —

のか，隊長の顔，1人1人の部下の顔が目に浮かんでくる。死に遅れたという思いがある。しかし，Sさんはそれほど落胆はしなかった。いずれ自分も違う戦場で戦友の後を追うのだという気持があったからである。

その後，元に帰るべき原隊を失ったSさんは本土防衛隊として千葉県の部隊に編入される。本土上陸の想定される九十九里浜の防衛である。そこで再び陣地構築に専念しているうち，終戦の報を聞いた。玉音放送を聞いた時，部下や戦友には悪いという思いと同時に助かったという思いが湧いてきたという。

戦場となる寸前の沖縄，玉砕間違いないといわれた沖縄からなぜ自分に命令が出たのか，今だにわからない。軍にその必要性があったのはわかるが，なぜ自分だったのか……。しかし，いずれにしろ万分の1の命を拾ったことはたしかである。これほどの幸運があるだろうか，この幸運を無駄にはすまい。そう思って復員し，大阪へ戻る。

大阪駅に立って四囲を見ると一面の焼野原，南の方を見るとなんと難波が見える。焼跡には崩れかけたビルや蔵が目についただけである。ひどい敗けやったなーという実感が改めて湧いてきた。本町の元の勤め先は跡形もなかった。しかし，すでに梅田や鶴橋には闇市が立っていた。そしてないはずの食糧がそこでは溢れかえっていた。金さえ出せば何でも買える。人間の凄まじい生命力の営みを見せつけられたSさんは，よし，これで皆な一緒だ。もう番頭も旦さんもない。人より余計に働けばそれが全部自分の物になる。やってみよう。全身から力が湧いてくる。

それからの彼の活動は凄まじかった。軍隊でもらって帰った毛布を売り，金にすると田舎へ出かけて行って米を安く買い，大阪へ持ち帰って高値で売る。スシ詰めの満員列車のデッキにぶら下がりながらも往復して食べることに不自由なく，小金も貯まり出した。次に考えたのは衣料である。昔から衣食住というが，食が満たされたら次は衣である。闇米の運び屋など肉体労働と変らない。それよりも衣料品を才覚ひとつで動かそう。もともと繊維問屋に勤めていたため知識にある。しかし，戦後

のしばらくは才覚もいらない。うまく仕入れることができれば，即座に言い値で売れた。ともかく物があれば売れて儲かった時代である。やがて世の中が落着いてきて闇市も閉鎖され，店舗商いの時代がやってきたが，その時にはSさんは立派に自分の店を構え，さらに株式会社まで構想するにいたっていた。もう今までのように物さえあれば売れる時代ではなく，良い物が選別され，信用を問われるようになっていた。

　戦後は，いわゆる闇成金が，雨後の竹の子のように輩出したが，大半が信用を大切にする安定した世の中に適応できず，元の歩に戻ってしまっていた。しかし，戦前丁稚から本格的に勉強していたSさんは浮かれることもなく，持てる知識と才覚によって商店から会社の社長となっていた。そして昭和30年代，40年代も着実に社業を伸ばしていく。その資産は大きく膨れ上り，ついに大阪での高級住宅街といわれる帝塚山に豪壮な邸宅を構えるまでにいたった。その300坪を越える豪邸の庭には松や槙などが植えられており，剪定には植木職人が1週間もかかるというありさまであった。Sさんにとって人生の絶頂期だったといえよう。

　Sさんは思う。自分ほどの幸運の持ち主がいるだろうか，絶対に死ぬ

第Ⅶ章 生きがい感の事例

運命の中から奇跡的に命を拾った。そして成功した。自分ほど幸せな男がいるだろうかと……。

ところが50年代に入る頃から繊維業界に陰りが見えるようになってきた。女性が着物を着なくなった。着物が売れない。洋服は売れるが過剰生産で価格が下がる。さらに労賃の安い中国や韓国から太刀打ちできない価格であらゆる商品が輸入されてきた。各地の生産業者は壊滅的な打撃を蒙る。かつて賑った船場，本町，久宝寺町通りも次々と閉店し，町はシャッター通りと化していった。才覚のあったSさんも糸へん不景気という大きな時代の流れには抗しがたく，赤字解消のため，帝塚山の豪邸を処分せざるを得なくなった。そして北摂近郊の小さな家に移り住んだ。

時代の変化という大きなうねりの中では個人の才覚など蟷螂の斧でしかなかった。倒産は2度経験した。決して放漫経営であった訳ではない。売掛け先の倒産の煽りを受けての倒産である。こんな小さな家にと思った今の家も2重3重の抵当に入っているため，近く処分せざるを得ないだろう。次はどこへ行くのか……。病弱な妻を抱え，長男は家を出たままである。同居はしているが，働いている長女とはほとんど会話もない。家族関係はギスギスしてしまっている。借金，負債を抱え，日夜資金繰りに苦しむ。Sさんの顔から笑顔が消えてしまっていた。Sさんは時々，ふっと考える。晩年になってこんな金の苦労をするのなら，あの時沖縄で皆と一緒に死んだ方がよかったのではないか，なぜ生き残ったのだろう。かつて自分ほど幸運な男はないと思ったが，今はそう思わない。なぜ皆と一緒に死ななかったのだろう。それが私の後悔です……老いの影のにじんだSさんは沈痛な表情でそう語ってくれた。

SさんにK-Ⅰ式生きがい感テストをしてもらった。結果は5点という低さであった。5点の内容は，毎日を惰性で過ごしてはいない。また毎日何をして過ごそうかと考えるようなのんびりした状況ではないことがわかる。しかし，それがその日その日を過ごすための，今月を乗り切る

第Ⅷ章　生きがい感の事例

ための金策であるならば，何と辛い生きがいであろうか。

　第Ⅵ章の研究結果でも，とくに70代男性において生きがい感にもっとも影響するのは経済的満足感であった。これは生活の中での最重要課題の位置を占めており，このことは経済的満足が得られなければ，生きがい感が低くなることを意味する。そのことを考えると経済的苦境に長い年月立たされてきたＳさんが，自分の今日ある生をも否定的に考え，生きがい感を失う気持もよく理解できる。

　死がＳさんの安らぎの場とならないように……たとえひとときでも，やはり生きていてよかったと思えるような日々がＳさんに訪れることを心から願わずにはいられない。

文　献

(A)

安立清史　2003　高齢者NPOと「生きがい」の実現　生きがい研究，(9)，長寿社会開発センター，44.

秋山登代子　1978　現代青年の生きがいと生き方　吉田　昇他（編）現代青年の意識と行動　NHKブックス　pp.145-173.

アメリカ教育学会・心理学会・全米教育測定協議会　赤木愛和・池田　央（監訳）1985　教育・心理検査法のスタンダード第1版　図書文化社　p.18.

アメリカ心理学会・教育研究会・教育測定全国評議会　小見山栄一（訳）1963　心理検査・診断検査に対する専門的勧告第1版　日本図書文化協会　p.15.

Anguenot, A., Loll, P. Y., Neau, J. P., et al. 2002 Depression and parkinson's disease : A study of 135 parkinsonian patients. *Canadian Journal of Neurological Sciences*, **29** (2), 139-146.

荒井保男　1988　高齢者の心の健康　老年社会科学，**10** (2)，139-158.

荒牧　央　2004　現代日本人の意識構造 (6)　NHK放送文化研究所編　pp.171-173.

浅野　仁・谷口和江　1981　老人ホーム入所者のモラールとその要因分析　社会老年学，**14**，36-48.

東　清和　1999　エイジングと生きがい　東　清和（編）エイジングの心理学　早稲田大学出版部　p.131.

(B)

Berkman, L. F., & Syme, S. L. 1979 Social networks, host resistance, and mortality : Nine year follow-up study of Alameda county residents. *Am J Epidemiol*, **109**, 186-204.

Bowling, A. 1993 The concepts of successful and positive aging. *Family practice*, **10** (4), 449-453.

(C)

Campbell, A., Coverse P., & Rogers, W. 1976 *The quality of American life*. Russell Sage Foundation, New York.

Cantril.H. 1965 *The Pattern of human concerns new brunswick*. Rutgers University Press, New Jersy. pp.22-23.

Carpenter, J. S. 1996 Applying the Cantril methodology to study self-esteem : Psychometrics of the Self-Anchoring Self-Esteem Scale. *Journal of Nursing Measurement*, **4** (2), 171-189.

Chubon, R. A. 1987 Development of a quality of life rating scales for use in health-care evaluation. *Evaluation & the health professions*, **10** (2), 186-200.

Clouser, K. D. 1991 The challenge for future debate on euthanasia. *Journal of pain and symptom management*, **6** (5), 306-311.

引用文献

Crumbaugh, J. C., & Maholick, L.T. 1964 An experimental study in existentialism : The Psychometric approach to Frankl's concept of noogenic neurosis. *Journal of Clinical Psychology*, **20**, 200-207.

(D)

Diener, E. 1984 Subjective well-being. *Psychological Bulletin*, **95**, 542-575.

Diener, E. 2000 Subjective well-being : The science of happiness and a proposal for a national index. *American Psychologist*, **55** (1) , 34-43.

Draper, B., Maccuspie-Moore, C., & Brodaty, H. 1998 Suicidal ideation and the 'wish to die' in dementia patients : The role of depression. *Age and Ageing*, **27** (4) , 503-507.

Dunn, D. S., & Dougherty, S. B. 2005 Prospects for a positive psychology of rehabilitation. *Rehabilitation Psychology*, **50** (3) , 305-311.

(F)

Ferrans, C. E., & Powers M. J. 1985 Quality of life index. Development and psychometric properties. *Advances in Nursing Science*, **8** (1) , 15-24.

Fine, S. B. 1991 Resilience and human adaptability : Who rises above adversity? *The American Journal of occupational therapy : Official publication of the American Occupational Therapy Association*, **45** (6) , 493-503.

Frankl, V. E. 1969 *The will to meaning : Foundations and applications of logotherapy*. New American Library, New York. （大沢　博（訳）1979　意味への意志　ブレーン出版）

Frankl, V. E. 1951　真行寺功（訳）1986　苦悩の存在論　新泉社

Frankl, V. E. 1967　高島　博・長沢順司（訳）1972　現代人の病　丸善

Frankl, V. E. 1952　霜山徳爾（訳）1957　死と愛　みすず書房　p.267.

藤本弘一郎・岡田克俊・泉　俊男他　2004　地域在住高齢者の生きがいを規定する要因についての研究　厚生の指標，**51** (4)，24-32.

藤田真理子　1999　アメリカ人の老後と生きがい形成　大学教育出版　p.3.

藤田利治・簔野脩一・大塚俊男他　1985　長寿と生きがい　医学のあゆみ，**132** (13)，981-986.

藤田利治・大塚俊男・谷口幸一　1989　老人の主観的幸福感とその関連要因　社会老年学，**29**，76-85.

藤原喜悦　1972　生きがいの探究　現代青年の生きがい　現代青少年心理学講座7　金子書房　pp.57-103.

福田恒存　1971　生き甲斐という事　新潮社　p.9.

Furuya, H. 1989 Osseointegrated implants in clinical dentistry. Practice of osseointegration implants, Shigaku. *Odontology ; Journal of Nippon Dental College*, **77**, 1194-1200.

(G)

Girling, D. M., Huppert, F. A., Brayne, C., et al. 1995 Depressive symptoms in the very elderly-Their prevalence and significance. *International Journal of Geriatric Psychiatry*, **10** (6) , 497-504.

Goldstein, K. 1940, *Human nature. In the light of psychopathology*. Harvard University Press.

五味義夫　1978　「生きがい」を求めて　藤永保他（編）青年心理学—テキストブック心理学（5）　有斐閣　pp.147-158.

引用文献

（H）

Harwood, D. G., & Sultzer, D. L. 2002 "Life is not worth living": Hopelessness in Alzheimer's disease. *Journal of Geriatric Psychiatry and Neurology*, **15** (1), 38–43.

長谷川明弘・藤原佳典・星 旦二 2001 高齢者の「生きがい」とその関連要因についての文献的考察 総合都市研究, **75**, 151.

長谷川明弘・藤原佳典・星 旦二他 2003 高齢者における「生きがい」の地域差—家族構成 身体状況ならびに生活機能との関連— 日本老年医学会雑誌, **40** (4), 390–396.

長谷川明弘・星 旦二 2005 都市近郊在宅高齢者における「生きがい」と関連要因 日本ケアマネージャー学会誌, **3**, 58-67.

長谷川明弘・宮崎隆穂・飯森洋史他 2007 高齢者のための生きがい対象尺度の開発と信頼性・妥当性の検討 日本心療内科学会誌, **11** (1), 5.

早川東三 1985 日独口語辞典 朝日出版社

Hesketh, T., & Ding, Qu. J. 2005 Anxiety and depression in adolescents in urban and rural China. *Psychological Reports*, **96** (2), 435–444.

広田君美 1995 生きがい創造と人間関係 関大出版部 p.78.

塹江清志 1981 現代日本人の生きがい 酒井書店 p.213.

塹江清志 1985 ミドルの生きがい働きがい 同文館出版 pp.156-196.

堀 洋道（監修）吉田富士雄（編）2001 心理測定尺度集Ⅱ サイエンス社 pp.412-416.

星 旦二 2000 生きがいとは何か？ 公衆衛生情報, **30** (7), 46.

Hubbard, R. 1986 Eugenics and prenatal testing. *International Journal of Health Services*, **16** (2), 227–242.

（I）

井戸正代・川上憲人・清水弘之他 1997 地域高齢者の活動志向性に影響を及ぼす要因および実際の社会活動との関連 日本公衆衛生雑誌, **44**, 894-900.

藺牟田洋美 1993 高齢者の主観的幸福感に対する外向性と神経症傾向の影響 社会老年学, **37**, 27-36.

井上勝也 1997 堂々たる寝たきり 大日本図書 pp.23-26.

井上勝也 1988 老年期の生きがい 老年社会科学, (10), 243-254.

井上勝也 1980 老年心理学成立の契機 井上勝也・長嶋紀一（編）老年心理学 朝倉書店 pp.6-8.

石田裕記子・森谷 潔・福地保馬 1986 都市在宅高齢者の健康状態と生きがい感に関する調査研究 保健の科学, **28**, 59-61.

石井留美 1997 主観的幸福感研究の動向 コミュニティ心理学研究, (1), 94-107.

石井 毅 1993 高齢者の生きがい 臨床精神医学, **22** (6), 673.

磯部忠正 1965 若い世代のための人生論 講談社 p.79.

伊藤善典 2005 英国人の生き方と生きがい 生きがい研究, (11), 長寿社会開発センター, 106.

（K）

梶田叡一 1990 生き方の選択と生きがい・生きざま 現代のエスプリ, **281**, 至文堂 161-162.

神谷美恵子 1980 生きがいについて みすず書房 pp.14-175.

引用文献

金子　勇　2004　高齢者類型ごとの生きがいを求めて　生きがい研究，(10)，長寿社会開発センター，8.
加藤元宣　2004　現代日本人の意識構造 (6)　ＮＨＫ放送文化研究所　pp.156-158.
加藤諦三　1973　燃ゆる思想―生きがいのない生きがいを考える　日本経済新聞社　p.62.
河合千恵子　1982　女性における「人生の意味」意識　社会老年学，**15**，52-63.
川元克秀　1997　生きがいづくり支援サービスの効果評価とサービス開発の観点　社会福祉学，**38** (2)，97-118.
菊池章夫　1964　Self-anchoring scale を用いた調査の１事例　日本社会心理学会第５回大会発表
菊池章夫・佐藤　信　1998　ハシゴ尺度の妥当性の検討　性格心理学研究，**7** (1)，44-45.
木村謹治　1952　和独大辞典　博友社
清岡卓行　1972　生きがいを求めて　江藤淳・曽野綾子（編）人生の本（5）文芸春秋 pp.5-6.
小林　司　1989　生きがいとは何か―自己実現のみち　日本放送出版協会　pp.23-30.
国民生活に関する世論調査　2005, 6　http://www8.cao.go.jp/survey/h17-life/2-3.html 2006/11/07
国立社会保障・人口問題研究所　2002　日本の将来推計人口（2002.1）厚生統計協会　p.73.
厚生労働省大臣官房統計情報部　2005　自殺死亡統計（第５回）pp.38-67.
古谷野亘　1981　生きがいの測定―改訂 PGC モラールスケールの分析　老年社会科学，**3**，83-94.
古谷野亘　1982　モラールスケール　生活満足度尺度及び幸福感尺度の共通次元と尺度間の関連性　老年社会科学，**4**，142-153.
古谷野亘　1983　モラールスケール　生活満足度尺度及び幸福感尺度の共通次元と尺度間の関連性　老年社会科学，**5**，129-142.
古谷野亘　1992　現象をとらえる　古谷野亘・長田久雄　実証研究の手引　ワールドプランニング　p.41.
古谷野亘　2002　幸福な老いの研究　生きがい研究，(8)，長寿社会開発センター，63.
古谷野亘・岡村清子・安藤孝敏他　1995　都市中高年の主観的幸福感と社会関係に関連する要因　老年社会科学，**16**，115-124.
古谷野亘・柴田　博・芳賀　博他　1989　PGC モラールスケールの構造　社会老年学，**29**，64-73.
熊野道子　2005　生きがいを決めるのは過去の体験か未来の予期か？　健康心理学研究，**18** (1)，12-23.
熊野道子　2003　人生観のプロファイルによる生きがいの２次元モデル　健康心理学研究，**16** (2)，68-76.
Kutner, B., Fanshell, D., Togo, A. & Langner, T.　1956　*Five hundred over sixty : A community survey on aging*. Russell Sage Foundation, New York.

(L)

Larson, R.　1978　Thirty years of research on the subjective well-being of older Americans. *Journal of gerontology*, **33**, 109-125.
Larson, R.　1990　The solitary side of life, an examination of the time people spend alone from

childhood to old age. *Dev Review*, **10**, 155-183.

Lawton, M. P. 1972 The dimension of morale. In D. Kent (eds), *Research planning and action for the elderly*. Behavioral Publications, New York. pp.144-165.

Lawton, M. P. 1975 The Philadelphia geriatric center morale scale : Revision. *Journal of gerontology*, **30**, 85-89.

Liang, J. 1982 Sex differences in life satisfaction among the elderly. *J Gerontol*, **37** (1), 100-108.

Lunsky, Y. 2004 Suicidality in a clinical and community sample of adults with mental retardation. *Research in Developmental Disabilities*, **25** (3), 231-243.

(M)

前田大作 1980 壮年期・老年期の異常心理 講座異常心理学4 新曜社 p.231.

前田大作・浅野 仁・谷口和江 1979 老人の主観的幸福感の研究 社会老年学, **11**, 15-31.

前田大作・野口裕二・玉野和志他 1989 高齢者の主観的幸福感の構造と要因 社会老年学, **30**, 3-16.

前田大作・坂田周一・浅野 仁他 1988a 高齢者のモラールの縦断的研究 社会老年学, **27**, 3-13.

前田大作 1988b 高齢者の生活の質 社会老年学, **28**, 3-18.

Maslow, A. H. 1962 上田吉一(訳) 1964 完全なる人間 誠心書房 p.118.

Maslow, A. H. 1971 上田吉一(訳) 1973 人間性の最高価値 誠心書房 p.309.

増田 綱 1974 新和英大辞典 研究社

Mathews, G. 1996 The pursuit of a life worth living in Japan and the United States. *Ethnology*, **35** (1), 51-62.

三木 治他 1963 新和仏中辞典 白水社

三喜田龍次 1978 老人の余暇と生きがい ジュリスト増刊総合特集, 279-286.

見田宗介 1970 現代の生きがい 日本経済新聞社 p.14.

見田宗介 1967 現代の青年像 講談社 p.116.

宮城音弥 1971 日本人の生きがい 朝日新聞社 pp.10-21.

森下高治 1987 青年の進路と生きがい 神戸忠夫(編) 青年心理学 ナカニシヤ出版 pp.188-195.

森 俊太 2001 日常生活と生きがいの関係 高橋勇悦・和田修一(編) 生きがいの社会学 弘文堂 pp.91-110.

本明 寛 1972 新態度的人間—生きがいの心理学 ダイヤモンド社 pp.121-125.

村井隆重 1979 老人の生きがいに関する調査 厚生の指標, **28** (7), 29-31.

(N)

長嶋紀一 2002 高齢者の生きがいとQOLに関する心理学的研究 生きがい研究, (8) 長寿社会開発センター, 16.

Nakanishi, N., Fukuda, H., Takatorige, T., et al. 2005 Relationship between self-assessed masticatory disability and 9-year mortality in a cohort of community-residing elderly people. *Journal of the American Geriatrics Society*, **53** (1), 54-58.

Nakanishi, N., Fukura, H., & Tatara, K. 2003 Changes in psychosocial conditions and even-

引用文献

tual mortality in community-residing elderly people. *Journal of Epidemiology*, **13** (2), 72–79.

Nakanishi, N., Hino, Y., Ida, O., et al.　1999　Associations between self-assessed masticatory disability, and health of community-residing elderly people. *Community Dentistry and Oral Epidemiology*, **27** (5), 366–371.

Nakanishi, N., Nukura, I., Nagano, K., et al.　1998a　Mortality in relation to the type of household among elderly people living in a community. *Journal of epidemiology*, **8** (1), 65–72.

中西範幸・多田羅浩三・中島和江他　1997　地域高齢者の生命予後と障害　健康管理　社会生活の状況との関連についての研究　日本公衆衛生雑誌, **44** (2), 89–100.

Nakanishi, N., Tatara, K., Naramura, H., et al.　1997a　Urinary and fecal incontinence in a community-residing older population in Japan. *Journal of the American Geriatrics Society*, **45** (2), 215–219.

Nakanishi, N., Tatara, K., Shinsho, F., et al.　1998b　Prevalence of intellectual dysfunctioning and its correlates in a community-residing elderly population. *Scandinavian Journal of Social medicine*, **26** (3), 198–203.

Nakanishi, N., Tatara, K., Takashima, Y., et al.　1995　The association of health management with the health of elderly people. *Age and Ageing*, **24** (4), 334–340.

Nakanishi, N., Tatara, K., Tatatorige, T., et al.　1997b　Effects of preventive health services on survival of the elderly living in a community in Osaka, Japan. *Journal of Epidemiology and community health*, **51**, 199–204.

中島文雄（編）　1976　コンサイス和英辞典　三省堂

中村美知子・福井里美　2001　患者のQOLに関連する尺度　堀　洋道（監修）　松井　豊（編）　心理測定尺度集Ⅲ―心の健康をはかる〈適応・臨床〉　サイエンス社　pp.309–317.

直井道子　2004　高齢者の生きがいと家族　生きがい研究, (10)　長寿社会開発センター, 21.

根岸　裕・岩津圭介　1998　トレンド日米表現辞典　小学館

Neugarten, B. L., Havighurst, R. J., & Tobin, S. S.　1961　The measurement of life satisfaction. *Journal of gerontology*, **16**, 134–143.

庭野日敬　1969　人間の生きがい　佼正出版社　p.13.

野田陽子　1983　老年期の生きがい特性　老年社会科学, **5**, 115.

(O)

小川　猛　1982　実践老人心理学　黎明書房　pp.65–66.

生越喬二・三富利夫・林知己夫他　1994　胃癌患者の術後補助療法とQOL *Oncologia*, **27**, 246–250.

大野　久　1980　現代青年の充実感に関する研究1　日本教育心理学会第22回大会発表論文集　pp.548–549.

大阪府立公衆衛生研究所　1999　中高齢者の健康と生きがいに関する調査報告書　pp.93–94.

大阪市　1994　「高齢者の生きがい」についての世論調査報告書　pp.3–23.

太田智子・田中宏二　1997　患者のQOLとソーシャル・サポートの関連　健康心理学研究, **10** (1), 12–22.

(P)

Perseius, K. I., Ekdahl, S., Asberg, M., et al. 2005 To tame a volcano : Patients with borderline personality disorder and their perceptions of suffering. *Archives of Psychiatric Nursing*, **19** (4), 160–168.

(R)

Ranzijn, R. 2002 Towards a positive psychology of ageing : Potentials and barriers. *Australian Psychologist*, **37** (2), 79–85.

Ribot, Th. 1885 *Diseases of memory —An essay in the positive psychology —*. Kegan Paul, Trench & Co.

(S)

斎藤茂太 1995a 生きがい研究 (1), 長寿社会開発センター, 7.
斎藤茂太 1995b 茂太さんの生きがい探し術 黎明書房 p.227.
坂本俊彦 2003 生きがい研究の方法 辻 正二・船津衛 (編) エイジングの社会心理学 北樹出版 p.110.
坂元 昂 1963 キャントリルの「自己係累尺度」について 人間の科学, (7), 56–58.
Sampaio, L. 1992 To die with dignity. *Social Science and Medicine*, **35** (4), 433–441.
雀部猛利 1986 高齢者の生きがい 法律のひろば, **39** (12), 38–44.
佐藤文子 1993 人生の意味・目的と生き方 岡堂哲雄 (監修) PIL研究会 (編) 生きがい 河出書房新書 pp.1–9.
佐藤文子 1975 実存心理検査— PIL 岡堂哲雄 (編) 心理検査学 垣内出版 pp.323–343.
佐藤文子・田中弘子 1971 「生きがい」の心理学的研究の試み1 日本心理学会第35回大会発表論文集 pp.509–512.
佐藤 元 1987 生きがいと教育 新宿書房 p.82.
佐藤眞一 1999 "生きがい" その評価と測定のポイント へるす出版生活教育, **43** (6), 28–31.
Savulescu, J. 1994 Treatment limitation decisions under uncertainty : The value of subsequent. *Bioethics*, 8 (1), 49–73.
Schneider, B., Maurer, K., & Frolich, L. 2001 Dementia and suicide fortschritte der neurologie. *Psychiatrie*, **69** (4), 164–169.
Seligman, M. E., & Csikszentmihalyi, M 2000 Positive psychology-an introduction. *American Psychologist*, **55** (1), 5–14.
Seligman, M. E., Parks, A. C., & Steen, T. 2004 A balanced psychology and a full life. *Philosophical Transactions of the Royal Society of London Series B-Biological Sciences*, **359**, 1397–1381.
シニアプラン開発機構 (編) 1992 サラリーマンの生活と生きがいに関する調査—サラリーマンシニアを中心として—報告書 シニアプラン開発機構 pp.97–98.
シニアプラン開発機構 (編) 1997 第2回サラリーマンの生活と生きがいに関する調査—サラリーマンシニアを中心として—報告書 シニアプラン開発機構 pp.91–92.
シニアプラン開発機構 (編) 2002 第3回サラリーマンの生活と生きがいに関する調査—サラリーマンシニアを中心として—報告書 シニアプラン開発機構 pp.45–47.
Shah, A., Dighe-Deo, D., Chapman, C., et al. 1998 Suicidal ideation amongst acutely med-

引用文献

ically ill and continuing care geriatric inpatients. *Aging and Mental Health*, **2** (4), 300-305.
Shah, A., Hoxey, K., & Mayadunne, V. 2000, Suicidal ideation in acutely medically ill elderly inpatients : Prevalence, correlates and longitudinal stability. *International Journal of Geriatric Psychiatry*, **15** (2), 162-169.
柴田 博 1998 求められている高齢者像 東京都老人総合研究所（編） サクセスフル・エイジング―老化を理解するために ワールドプランニング p.51.
島田一男・菊池章夫 1969 社会現象 小保内虎夫（編著） 最新心理学概論 中山書店 pp.353-354.
島井哲志（編） 2006 ポジティブ心理学―21世紀の心理学の可能性― ナカニシヤ出版
新村 出（編） 1955 広辞苑 岩波書店
塩見邦雄・千原孝司・岩本陽一 1991 心理検査法 ナカニシヤ出版 p.84.
塩見邦雄・金光義弘・足立明久 1982 心理検査・測定ガイドブック ナカニシヤ出版 p.163.
曽根稔雄・中谷直樹・大森 芳他（東北大学大学院医学系研究科公衆衛生学分野） 2007 生きがいと死亡リスクに関する前向きコホート研究 第17回日本疫学会総会発表
白石浩一 1993 生きがいの心理学 海竜社 pp.19-85.
白石浩一 1986 夫と妻の生きがい学 海竜社 p.191.
尚学図書編 1981 国語大辞典 小学館
重信常喜他 1993 コンサイス和仏辞典 三省堂
Skoog, I, Aevarsson, O., Beskow, J., et al. 1996 Suicidal feelings in a population sample of nondemented 85-year-olds. *American Journal of Psychiatry*, **153** (8), 1015-1020.
総務庁青少年対策本部 1991 現代の青少年 pp.140-142.
総務省統計局 2005 10.14 http://www2f.biglobe.ne.JP/boke/news3.htm
園田恭一 2000 「生きがい」と「健康づくり」 生きがい研究，(6), 長寿社会開発センター，48-53.
返田 健 1981 生きがいの探究 大日本図書 pp.35-42.
杉山善朗・竹川忠男・中村 浩他 1981a 老人の「生きがい」意識の測定尺度としての日本版PGMの作成 (1) 老年社会科学, **3**, 57-69.
杉山善朗・竹川忠男・中村 浩他 1981b 老人の「生きがい」意識の測定尺度としての日本版PGMの作成 (2) 老年社会科学, **3**, 70-81.
杉山善朗・竹川忠男・佐藤 豪他 1985 向老期年代層（50歳～59歳）の「生きがい」意識に関する研究 老年社会科学, **7**, 122-135.
杉山善朗・竹川忠男・佐藤豪他 1986 高齢就労者の「生きがい」意識に関する研究 社会老年学, **23**, 44-51.
杉山善朗・中村 浩・竹川忠男他 1990 施設在園高齢者の生きがい意識に関する身体・心理・社会的要因の研究 老年社会科学, **12**, 117-125.
鈴木 広 1983 生きがいの探求 九州大学出版会 p.323.
社会福祉の動向編集委員会（編） 2004 介護保険・老人福祉・老人保健施策 社会福祉の動向2004 中央法規出版 pp.116-118.

(T)

多田敏子 1989 病弱老人の生きがいに関する研究 日本看護科学会誌, **9** (2), 21-28.

引用文献

高橋勇悦　2001　生きがいの社会学　高橋勇悦・和田修一（編）　生きがいの社会学　弘文堂　pp.269-281.
高橋勇悦　1999　高齢者の生きがいに関する国際比較研究　高齢者能力開発研究会　pp.120-121.
谷口和江・浅野　仁・前田大作　1980　身体的活動レベルの高い男性高齢者のモラール　社会老年学, **12**, 47-58.
谷口和江・前田大作・浅野　仁他　1984　高齢者のモラールにみられる性差とその要因分析　社会老年学, **20**, 46-58.
谷口幸一・大塚俊男・丸山晋他　1982　高齢者のパーソナリティに及ぼすライフイベントの影響　老年社会科学, **4**, 111-127.
田崎美弥子・中根允文　1997　WHO/QOL‐26手引き　金子書房　p.4.
Terjesen, M. D., Jacofsky, M., Froh, J., & Digivseppe, R.　2004　Integrating positive psychology into schools : Implication for practice. *Psychology in the schools*, **41** (1), 163-172.

（U）

植田　智・吉森護・有倉己幸　1992　ハッピネスに関する心理学的研究（2）　広島大学教育学部紀要, **41**, 36.
上田吉一　1990　マスローによる自己実現　現代のエスプリ, **281**, 120-126.
氏原　寛・岡堂哲雄・亀口憲治他（編）　2006　心理査定実践ハンドブック　創元社　pp.857-858.
梅棹忠夫・金田一春彦・阪倉篤義・日野原重明　1989　日本語大辞典　講談社
梅棹忠夫　1981　わたしの生きがい論　講談社　p.88.

（V）

Ventegodt, S., Morad, M., Kandel, I., et al.　2004　Clinical holistic medicine : Problems in sex and living together. *The Scientific World Journal*, **4**, 562-570.

（W）

和田修一　1990　老人の幸福感　無藤隆・高橋恵子・田島信一（編）　発達心理学入門Ⅱ　東大出版会　p.150.
和田修一　2001　生きがい問題を論じる視点　高橋勇悦・和田修一（編）　生きがいの社会学　弘文堂　pp.31-36.
和田修一　2006　高齢社会における「生きがい」の論理　生きがい研究, (12), 長寿社会開発センター, 30-35.
渡部昇一　2004　生きがい　ワック　p.32.
渡部　洋　1993　心理検査法入門　福村出版　p.62.

（Y）

矢倉紀子　1983　老人の生きがいについての考察　看護展望, **8** (5), 40-43.
Yamaoka, K., Hayashi, F., Hayashi, C., et al.　1994　A Japanese version of the questionnaire for quality of life measurement. *Annals of Cancer Research and Therapy*, **3**, 45-53.
山幡信子　1991　生きがい感に関する研究　日本心理学会第55回大会発表論文集　p.492.
山形俊夫　1973　生きがいある人生　福音社　p.19.
山口県長寿社会開発センター　1997　高齢者の生きがいと社会参加活動に関する基礎調査　pp.13-14.

引用文献

山本直示・杉山善朗・竹川忠男他　1989　高齢者の「幸福感（well-being）」と「生きがい」意識を規定する心理・社会的要因の研究　老年社会科学, **11**, 134-150.

山本則子・石垣和子・国吉緑他　2002　高齢者の家族における介護の肯定的認識と生活の質（QOL）生きがい感および介護継続意思との関連：続柄別の検討　日本公衆衛生雑誌, **7**, 660-674.

山岡和枝・林　文・林知己夫他　1996　性格特性のQOL測定への影響　健康心理学研究, **9** (2), 11-20.

山下昭美・近藤亨子・門奈丈之他　1989　老人の「生きがい感」について在宅老人ホームとホーム老人との比較　生活衛生, **33** (3), 21-27.

山下昭美・近藤亨子・田中　隆他　2001　施設高齢者の生きがい感とQOLとの関連について　厚生の指標, **48** (4), 12-19.

柳井晴夫・柏木繁男・国生理枝子　1987　プロマックス因子回転法による新適性検査の作成について（1）　心理学研究, **58**, 158-165.

横山博行　1987　主観的幸福感の多次元性と活動の関係について　社会老年学, **26**, 76-88.

吉田義昭・黒田基嗣・松本健治他　1988　高齢者の知的レベルに関連する諸要因の研究　日本衛生学雑誌, **42** (6), 1092-1100.

吉森　護　1992　ハッピネスに関する心理学的研究（1）広島大学教育学部紀要, (41), 25-34.

(Z)

全国世論調査（読売新聞）　1999　幸福感　読売新聞12月8日

（付　　録）

あなたの生きがい感は

どの位？

何点とれるだろう？

付　録

（付録1）青年期の生きがい感スケール

　　これはあなたの現在の気持をおたずねするものです。読んでいただいて，はい，どちらでもない，いいえのいずれかを○でかこんで下さい。

	はい	どちらでもない	いいえ
1. 私は今の生活に満足感があります	3	2	1
2. 暖かい日差しの中でよく昼寝を楽しみます	3	2	1
3. 私は他人から信頼され頼りにされています	3	2	1
4. 私は将来に希望を持っています	3	2	1
5. 毎日が平和で楽しいと感じています	3	2	1
6. 私はフカフカの布団で寝ることをよく楽しんでいます	3	2	1
7. 私の行為で人に喜んでもらえることがよくあります	3	2	1
8. 自分の人生に大きな期待を持っています	3	2	1
9. 私は今幸せを感じています	3	2	1
10. 私は好きなものを飲んだり食べたりする機会をよく持っています	3	2	1
11. 自分が必要とされ存在価値を感じることがあります	3	2	1
12. 私はものごとにやる気を持っています	3	2	1
13. 私の毎日は充実していると思います	3	2	1
14. 私は心ゆくまで買い物をすることがあります	3	2	1
15. 皆で力を合わせ目的を達成することがよくあります	3	2	1
16. 私には目的があり，達成したいことがあります	3	2	1
17. 全てのものごとが順調に進んでいると思っています	3	2	1

付　録

	はい	どちらでもない	いいえ
18. 世界がバラ色に輝いて見えることがあります	3	2	1
19. 人のために役に立ったと感じることがあります	3	2	1
20. 私は何ごとに対しても積極的に取り組んでいこうと思っています	3	2	1
21. 今日は一日好きなことができると思う日がよくあります	3	2	1
22. 自分は高く評価されたと思えることがよくあります	3	2	1
23. 今やりがいのあることをしています	3	2	1
24. 私は課せられた役割をよく果たしています	3	2	1
25. 夢中になって好きなことをしていることがよくあります	3	2	1
26. 私は人間的に成長したと感じることがあります	3	2	1
27. 私は現在自分の能力を精一杯発揮しています	3	2	1
28. 私は周囲から認めてもらっています	3	2	1
29. 自分の趣味や好きなことに出会えることがよくあります	3	2	1
30. 私は今まで知らなかった新しい自分を発見することがあります	3	2	1
31. 努力した結果，報われたと感じることがあります	3	2	1

合計得点　？

（31項目のため，最高点は31×3点＝93点となる）

判　定

点　数	93〜81	80〜75	74〜64	63〜58	57〜0
評　価	大変高い	高いほう	ふつう	低いほう	大変低い

（判定基準は大学生の得点の標準偏差をもとに作成されている）

付　録

（付録2）高齢者向け生きがい感スケール（K-Ⅰ式）

これはあなたの現在の気持をおたずねするものです。読んでいただいて，はい，どちらでもない，いいえのいずれかを○でかこんで下さい。

	項目	はい	どちらでもない	いいえ	
1.	私には家庭の内または外で役割がある	2	1	0	
2.	毎日を何となく惰性（だせい）で過ごしている	0	1	2	△
3.	私には心のよりどころ，励みとするものがある	2	1	0	
4.	何もかもむなしいと思うことがある	0	1	2	△
5.	私にはまだやりたいことがある	2	1	0	
6.	自分が向上したと思えることがある	2	1	0	
7.	私がいなければ駄目だと思うことがある	2	1	0	
8.	今の生活に張り合いを感じている	2	1	0	
9.	何のために生きているのかわからないと思うことがある	0	1	2	△
10.	私は世の中や家族のためになることをしていると思う	2	1	0	
11.	世の中がどうなっていくのか，もっと見ていきたいと思う	2	1	0	
12.	今日は何をして過ごそうかと困ることがある	0	1	2	△
13.	まだ死ぬ訳にはいかないと思っている	2	1	0	
14.	他人から認められ評価されたと思えることがある	2	1	0	
15.	何かなしとげたと思えることがある	2	1	0	
16.	私は家族や他人から期待され頼りにされている	2	1	0	

△の項目は配点が逆になっている。　　**合計得点**　？

（16項目のため，最高点は16×2点＝32点となる）

判　定

点　数	32～28	27～24	23～17	16～13	12～0
評　価	大変高い	高いほう	ふつう	低いほう	大変低い

（判定基準は老人福祉センター来所者の得点の標準偏差をもとに作成されている）

付　録

（付録3）高齢者向け生きがい感スケール（K−Ⅱ式）

　これはあなたの現在の気持をおたずねするものです。読んでいただいて，はい，どちらでもない，いいえのいずれかを○でかこんで下さい。

	はい	どちらでもない	いいえ
1. 若い人と楽しい会話をよくします	2	1	0
2. 私は心身共にゆとりをもっています	2	1	0
3. 孫や子供の成長をよく見聞きします	2	1	0
4. 年配であるがゆえに教えてあげられることがよくあります	2	1	0
5. 自分にしかできないと思えることをする時があります	2	1	0
6. 将来に夢と希望をもっています	2	1	0
7. 自分の作品がほめられることがよくあります	2	1	0
8. 精一杯活動したと思える日がよくあります	2	1	0
9. この世で自分が存在したあとを残すことができたと思っています	2	1	0
10. 生活は安定していると思います	2	1	0
11. 自分の努力による成果があらわれたと思えることがよくあります	2	1	0
12. 私は家族や人から感謝されることがよくあります	2	1	0
13. 社会に貢献したと思えることがあります	2	1	0
14. 目的をもって取組んでいるものがあります	2	1	0
15. 新しい知識を得たり，技術を学んだと思うことがよくあります	2	1	0
16. こちらの話をよくわかってくれたと思えることがあります	2	1	0

付　録

	はい	どちらでもない	いいえ
17. 私は周囲から認められ評価されています	2	1	0
18. 自分の意見が通ったと思うことがよくあります	2	1	0
19. どうしても生きねばならないと思うことがあります	2	1	0
20. 何かよいことをしたと思えることがよくあります	2	1	0
21. おいしい料理によく出会います	2	1	0
22. 自分の親切や真心が相手に伝わったと思えることがよくあります	2	1	0
23. まだまだ意欲があります	2	1	0
24. 私の毎日は充実しています	2	1	0
25. 私は家族や人のために役立っていると思います	2	1	0
26. 私には夢中になれるものがあります	2	1	0
27. 家族や人から頼られていると感じています	2	1	0

合計得点　？

（27項目のため，最高点は27×2点=54点となる）

判　定

点 数	54〜46	45〜40	39〜28	27〜22	21〜0
評 価	大変高い	高いほう	ふつう	低いほう	大変低い

（ 判定基準は老人福祉センター来所者の得点の標準偏差をもとに作成されている ）

○ （老人福祉センター）60歳以上の在宅高齢者に対し，無料で入浴，囲碁，将棋，卓球，玉突き，肩もみ，図書，手芸，ゲートボールなどの設備を日帰りで提供してくれる所である。

(付録4) 生きがい感のセルフ・アンカリングスケール

　あなたは生きがい感をもって生活しておられますか，それはどの程度でしょうか。生きがい感いっぱいを10として，生きがい感全くない状態を0とするなら，あなたは今，どの位だと思われますか？
　このあたりだと思われるところ（下の枠内）に○印をつけて下さい。

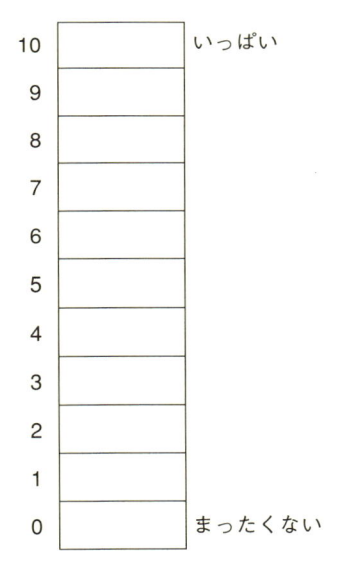

```
10 ┌──────┐ いっぱい
 9 │      │
 8 │      │
 7 │      │
 6 │      │
 5 │      │
 4 │      │
 3 │      │
 2 │      │
 1 │      │
 0 └──────┘ まったくない
```

（カントリルのセルフ・アンカリングスケールを援用）

（青年期の一般的な生きがい感とは）
　まわりの人に認められ，現状に満足し，人生を楽しみ，生きる意欲を持つ感情である。

（高齢者の一般的な生きがい感とは）
　なにごとにも目的をもって意欲的であり，人の役に立つ存在であり，責任感を持って生きていく張り合い意識である。また何かを達成した，向上した，人に認めてもらっていると思えるときにももてる意識である。

（K-1式スケールの定義より）

事項索引

あ
α係数　　51, 54, 64, 87
因子的妥当性　　46, 52, 87
因子分析　　44, 46, 60, 73, 85

か
概念調査　　34, 56, 57, 66, 69, 82, 85
概念的妥当性　　65, 66, 78, 80, 87, 88, 90
基準関連妥当性　　43, 49, 52, 60, 64, 66, 73, 77, 80
基準値　　43, 49, 65, 73, 77, 86, 88, 90
QOLスケール　　29
幸福感　　6-8, 10, 13, 16, 25, 58, 60, 68, 84
項目分析　　38, 54, 60, 66, 68, 69, 81, 84, 91

さ
自己実現　　9, 11-14, 16, 17, 21, 61, 64
重回帰分析　　99-101, 102, 106
自由記述　　37-39, 42, 52, 53, 71, 72, 80-82
充実感　　10-12, 38, 49, 86
主観的幸福感　　7, 25-27, 31, 84, 92, 112
信頼性　　32, 38, 39, 43, 50, 51, 53, 54, 56, 60, 64, 66, 69, 73, 77, 80, 81, 86-88, 90
セ・スケール　　49, 50, 65, 73, 77, 83-90
セルフ・アンカリングスケール　　124, 127
セルフ・アンカリング・ストライビングスケール　　43

センター　　66, 67, 69, 73, 78-80
操作の定義　　33, 34, 56, 67-69, 80-82, 91

た
妥当性　　38, 39, 43, 49, 52, 53, 56, 66, 69, 77, 81, 85-87, 90
得点通過率　　43, 46, 60, 73

な
内容的妥当性　　52, 80

は
表面的妥当性　　31, 52
PILスケール　　28, 92
P．P　　112, 113
福祉センター　　34, 66, 67, 73, 87, 88, 90, 91, 103
分散分析　　66, 78, 88, 89, 105
併存的妥当性　　49, 85, 86, 89, 90
Positive Psychology　　112

ま
満足感　　6-10, 12, 25, 38, 47, 49, 50, 53, 56, 58, 60, 68, 76, 84, 93
モラール・スケール　　25-27, 91

ら
life worth living　　21, 22-24, 113
老人大学　　65-67, 78-80, 87, 88, 90

人名索引

A
安立清史　　9, 14
秋山登代子　　37
Allport, G. W.　　112
Anguenot, A.　　24
荒井保男　　14
荒牧　央　　5
浅野　仁　　91
東　清和　　21

B
Berkman, L. F.　　102
Bowling, A.　　24

C
Campbell, A.　　29
Cantril, H.　　43, 50, 65, 77, 83, 86, 87, 90
Carpenter, J. S.　　50, 87, 90
Chubon, R. A.　　29
Clouser, K. D.　　24
Crumbaugh, J. C.　　28
Csikszentmihalyi, M.　　112

D
Diener, E.　　7, 113
Draper, B.　　23
Dunn, D. S.　　24, 113

F
Ferraus, C. E.　　29
Fine, S. B.　　24
Frankl, V. E.　　14, 15, 17, 20, 28
Freud, S.　　112
藤本弘一郎　　31
藤田真理子　　12, 71

藤原利治　　12, 91
藤原喜悦　　37, 53
福田恒存　　13
福井里美　　29
Furuya, H.　　24

G
Girling, D. M.　　23
Goldstein, K.　　14, 112
五味義夫　　37, 53

H
Harwood, D. G.　　24
長谷川明弘　　14, 21, 31, 92
Hesketh, T.　　23
広田君美　　14, 15
塹江清志　　12, 14, 21
Hubbard, R.　　24
星　旦二　　21

I
井戸正代　　91
蘭牟田洋美　　92
井上勝也　　4, 13, 19
石田裕記　　26
石井留美　　7
石井　毅　　13, 19, 20
磯部忠正　　7
伊藤善典　　21

K
梶田叡一　　11, 15
神谷美恵子　　5, 8, 12, 14, 16, 19, 21 - 23,
　　　　　　 42, 56, 109
金子　勇　　12

— 162 —

加藤元宣　　*110*
加藤諦三　　*13*
河合千恵子　　*92*
川元克秀　　*57 - 59*
菊池章夫　　*84*
清岡卓行　　*13, 19, 20*
小林　司　　*10, 14, 15, 21*
古谷野亘　　*26, 27, 38, 91*
熊野道子　　*12, 14, 28*
Kutner, B.　　*25*

L

Larson, R.　　*25 - 27, 92, 102*
Lawton, M. P.　　*25, 26*
Liang, J.　　*92*
Lunsky, Y.　　*23*

M

前田大作　　*7, 25 - 27, 84, 91*
Maslow, A. H.　　*11, 14, 16, 17, 20, 112*
Mathews, G.　　*22, 23*
三喜田龍次　　*7, 8*
見田宗介　　*21, 37*
宮城音弥　　*12*
森　俊太　　*22*
森下高治　　*37, 53*
本明　寛　　*13, 14, 19*
村井隆重　　*14, 30, 92*

N

長嶋紀一　　*13*
中村美知子　　*29*
Nakanishi, N.　　*24*
中西範幸　　*31, 92*
直井道子　　*10, 15*
Neugarten, B. L.　　*7*
庭野日敬　　*13*
野田陽子　　*11, 19, 42*

O

小川　猛　　*7, 12, 15, 21, 42*
生越喬二　　*29*

大野　久　　*49*
太田智子　　*28*

P

Perseius, K. I.　　*24*

R

Ranzijn, R.　　*113*
Ribot, Th.　　*112*
Rogers, C.　　*112*

S

斎藤茂太　　*10*
坂元　昂　　*83*
坂本俊彦　　*13, 30*
Sampaio, L.　　*24*
雀部猛利　　*9*
佐藤文子　　*15, 21, 28, 37, 52*
佐藤　元　　*13*
佐藤　信　　*84*
佐藤眞一　　*14, 21*
Savulescu, J.　　*24*
Schneider, B.　　*23*
Seligman, M. E.　　*24, 112, 113*
Shah, A.　　*23*
柴田　博　　*9*
島田一男　　*84*
島井哲志　　*113*
塩見邦雄　　*43, 49*
白石浩一　　*10, 14, 15, 42*
Skoog, I.　　*23*
曽根稔雄　　*5, 13, 30*
園田恭一　　*9, 14*
返田　健　　*10, 14 - 16, 42*
杉山善朗　　*26, 27, 92*
鈴木　広　　*11, 15*
Syme, S. L.　　*102*

T

多田敏子　　*7, 31, 92*
高橋勇悦　　*9, 15, 22*
谷口和江　　*91*

人名索引

田崎美弥子　29
Terjesen, M. D.　113

U

植田　智　7
上田吉一　11, 14, 15
梅棹忠夫　20

V

Ventegodt, S.　24

W

和田修一　7, 9, 16, 21, 22
渡部　洋　65
渡部昇一　13, 19

Y

矢倉紀子　13
山形俊夫　4
山幡信子　28
山本直示　92
山本則子　30
Yamaoka, K.　29
山岡和枝　29
山下昭美　31, 92
柳井晴夫　94
横山博子　27
吉田義昭　71
吉森　護　7

著者紹介

近藤　勉（こんどう　つとむ）

1961 年	同志社大学経済学部卒業
1987 年	関西大学文学部教育学科心理専修卒業
1995 年	関西大学大学院文学研究科博士前記課程 （教育心理学専攻）修了　文学修士
2000 年	近畿福祉大学社会福祉学部講師
2002 年	花園大学社会福祉学部助教授
2005 年	花園大学社会福祉学部教授
2007 年	近畿福祉大学社会福祉学部教授
2008 年	近畿医療福祉大学福祉学部教授，現在に至る

主　著　『よくわかる高齢者の心理』ナカニシヤ出版

生きがいを測る　生きがい感てなに？

2007 年 9 月 20 日　初版第 1 刷発行
2014 年 12 月 20 日　初版第 3 刷発行

定価はカヴァーに表示してあります

著　者　　近藤　勉
発行者　　中西健夫
発行所　　株式会社ナカニシヤ出版
〒 606-8161　京都市左京区一乗寺木ノ本町 15 番地
Telephone　075-723-0111
Facsimile　075-723-0095
Website　http://www.nakanishiya.co.jp/
Email　iihon-ippai@nakanishiya.co.jp
郵便振替　01030-0-13128

印刷・製本＝ファインワークス
Printed in Japan
Copyright © 2007 by T. Kondo
ISBN978-4-7795-0169-2